일본 문화 소비의 이중성
일본 사회의 한류 문화

김 채 현

Publishing Company

3

서 론

　현대사회는 세계적인 규모의 시장 통합을 지향하는 거대 미디어 기업의 출현으로 국경을 초월하는 전파의 동시 발신이 가능하게 되었다. 각국 수신자들이 자신의 방에서 클릭 한번으로 세계 각국의 영상을 즐길 수 있으며 상품들을 간단하게 구매할 수 있는 시대이다.
　이러한 문화 시대의 세계시장에서 코카콜라, 맥도날드, 디즈니랜드, 할리우드 등과 같은 미국 문화의 독주가 현저하게 눈에 띈다. 이 때문에 일각에서는 '문화 제국주의'를 우려하는 목소리가 확산되고 있다. 그런 배경 안에는 산업화되어 가는 문화로 말미암아 자국 내 경제적 침식을 우려하는 국가들의 염려가 크게 자리잡고 있다.
　1990년대 한일 관계에서 쟁점이 되었던 '일본 대중문화 개방' 문제도 이러한 맥락에서 생각해 보자. 1994년에 일본 대중문화의 단계적 개방을 발표한 한국은, 1998년 10월 제1차 개방(4대 국제영화제 수상작 영화 상영, 만화 부문)을 시작으로, 1999년 9월 제2차 개방(국제영화제 수상작 영화 상영, 대중가요의 소규모 공연 부문), 2000년 6월 제3차 개방(성인영화를 제외한 모든 영화 상영, 국제영화제 수상작 애니메이션 영화 상영, 모든 대중가요 공연, 일본어 가사 이외 CD 부문)을 실시하였다. 그리고 제4차 개방(일본어 가사 CD, 영상 비디오,

4
일본 문화 소비의 이중성

TV 드라마 방영, 성인영화와 그 외 애니메이션 영화 상영, 가정용 TV 게임기 부문)은 2001년 7월에 일어난 역사 교과서 문제로 일시 중단하였으나[1], 2004년 1월 1일부터 전면 개방하기로 하였다.[2]

많은 사람들은 한국과 일본의 역사적 경험에 비춰 볼 때 한국이 일본의 대중문화를 금지했다고 생각할지 모른다. 그런 요소가 전혀 없는 것은 아니지만, 또 다른 이유를 간과해서는 안 된다. 오로지 역사적인 이유만이라면, 일본의 '대중' 문화만이 금지 대상이 되고 국제적으로 높은 평가를 받는 '고급' 문화를 개방하는 이유가 명확하지 않다. 한국 정부가 일본의 대중문화를 금지하거나 개방하는 것은 한일 간의 역사 문제나 문화 문제라기보다는 경제문제에 입각한 것이다. 일본 대중문화 개방이란 일본 문화산업 제품의 수입 개방을 의미하기 때문이다.

1991년 한국은 GATT 우루과이라운드 합의 참가 이후 시장 개방이라는 난관에 부딪혔다. 미국의 서비스 무역 자유화 주장에 따르자면, 문화산업에서 스크린쿼터와 같이 자국 영화의 의무 상영 시간이나 자국의 영화제작 보조금 지원 등을 폐지해야만 한다. 이렇게 되면 흥행성이 높은 미국의 직배 영화들은 이익을 얻지만, 기반이 약한 한국의 영화산업은 쇠퇴하고 만다. 결국, 한국은 미국의 문화 식민지가 될 수밖에 없는 것이다. 그 밖에도, 외국 현지법인이 직접 CD와 비디오를 제작, 판매할 수 있도록 허가한다면 이것이 국내 문화산업에 끼치는

---

1 2001년 5월에 한국 정부는 검정에 합격한 일본 중학교 역사 교과서의 내용을 수정할 것을 일본 정부에 요구하였다. 한국 정부의 요구는 35항목으로, 그중 25항목이 '새로운 교과서를 만드는 모임'이 주도한 교과서가 대상이었다. 일본 정부가 7월에 사실상 '제로 회답'을 보냄에 따라, 한국 정부는 일본 대중문화의 추가 개방을 무기한 연기한다고 발표하였다.

2 2003년 9월 16일 한국문화관광부의 발표를 참조. 다른 나라의 경우와 마찬가지로 '영화진흥법'과 'CD, 비디오 및 게임에 관한 법률' 등 관련 법률상 등급 분류 등의 절차를 거쳐 폭력적인 것과 선동적인 것을 걸러내기로 하였다.

영향 또한 적지 않을 것이다. 이처럼 자국의 문화 관련 산업을 어떻게 보호·육성할지에 관한 과제에 직면해 있던 차에, 정서적으로 금지되어 있던 '일본 대중문화 개방'은 '시기상조'라고 생각하였을 것이다.

한국 사회에서 문화산업에 대한 사회적 관심이 처음 나타난 것은 1992년 대통령 선거 때부터이다. 주요 정당의 후보 3인은 '문화 예산 1%'와 '문화진흥기금' 확충을 제안하였으며, 이듬해 새롭게 들어선 정부는 영화, 영상, 그리고 디자인 사업을 '국가 전략사업' 중 하나로 육성한다는 국가 기본 방침을 발표하였다. 이에 영화, 영상, 디자인 사업은 서비스산업에서 제조업 서비스산업으로 분류되어, 금융과 세제 지원을 받게 되었다. 그 후, 1999년에는 문화산업을 21세기형 국가 전략 사업으로 육성하기 위해, '문화산업진흥법'을 제정하였다. 2000년도에는 영화, 애니메이션, 게임, CD, 방송의 5대 문화산업 육성책을 발표하였다. 2001년에는 정보기술, 바이오기술, 나노기술, 환경기술, 문화기술과 같은 5대 산업을 차세대 성장산업으로 육성하기 위해, 2005년까지 5개년 계획으로 예산 10조 원을 투입할 것을 결정하는 등 한국 정부의 문화 정책은 지속되었다.

한국 통계청의 조사 결과에 따르면 2000년도 문화산업의 총 매출액은 30조 2,762억 원으로, 한국은행의 발표에 의하면 이 금액은 2000년도 총 GDP(521조 9,590억 원)의 5.8%에 해당한다. 게다가 2000년도 한국의 문화산업이 가져온 부가가치는 15조 7,869억 원으로, 이는 GDP의 3.0%에 해당한다(한국문화관광부, 『2002 문화정책백서』).[3] 전통적인 제조업 분야에서는 상상도 할 수 없었던 고부가가치를 문화적 상품이 가져다준

---

[3] 이와 같은 숫자는 전년도와 비교할 때 약간 상승한 것이다. 1999년 한국 문화산업의 전체 매출액은 24조 6,367억 원이며, 부가가치는 11조 9,425억 원으로, 각각 GDP의 5.1%와 2.5%에 해당한다.

것이다.⁴ 더욱이 문화산업에 대한 사회적 기대는 고용 문제에서도 찾아볼 수 있다. 1998년 경제 위기⁵ 때부터 심각한 고용 문제에 직면하게 된 한국은 이러한 문제를 해결하는 방안으로서 문화산업을 중심으로 하는 지식 기반 서비스업에 165조 원을 투입할 경우 창출되는 고용이 99년부터 5년간에 걸쳐서 85만 명에 이를 수 있다는 예측을 내놓았다.⁶

이와 같은 파급효과를 고려하여, 한국은 물론, 세계 각국이 문화산업에 주목하면서 그 중요성을 인식하였다고 볼 수 있다. 한국문화관광부에 따르면, 2002년 6월을 기준으로 세계 문화산업의 시장 규모는 1조 5천억 달러에 이르렀다. 미국의 IIPA(International Intellectual Property Alliance)가 2002년 4월에 발표한 '미국 경제의 저작권 산업' 보고서에 의하면 미국 저작권 산업⁷(영화, TV 프로그램, 홈 비디오, DVD, 비즈니스 소프트웨어, 엔터테인먼트 소프트웨어, 출판, CD)은 2001년 미국 GDP의 5.24%를 차지한다. 미국의 저작권 산업은 1977년부터 2001년까지 24년간 평균 7.0%의 성장률을 보이고 있으며 고용은 전체의 3.5%로, 800만 명을 넘는다. 그리고 저작권 산업의 국외 수출액은 889억 7천만 달러로, 1999년 이후 매년 9.4%씩 증가하고 있다. 이는 자동차 산업의 565억 2천만 달러, 농업의 530억 달러, 그리고 항공기 산업의 553억 1천만 달러를 넘는 산

---

4 실제 일본에서 활약하는 한국 가수 보아는 2001년부터 앨범 2장과 싱글 앨범 8장을 발표하며 매출 100억 엔 이상을 올렸다. '노래하는 1인 기업'이라고 불리듯이, 문화관광부로부터 문화콘텐츠 수출 대상으로 선정되었다.
5 1997년에 태국에서 발생하여, 아시아 주변국으로 확대된 경제 위기 사태를 말한다. 이때 한국은(1997년 11월) 대외 채무불이행 위기에 처하여, 국제통화기금(IMF)에서 긴급 지원을 받는 대신 경제정책의 전면적인 개입을 받으면서 〈신탁통치〉, 〈IMF 한파〉라는 암흑시대를 맞이했다.
6 한국산업연구원의 발표 자료를 참조(1998년 11월 17일).
7 한국 문화산업의 범위는 콘텐츠 산업인 저작권 산업과 관광산업을 포함한다.

업 규모이다.(한국문화관광부, 『2002년 문화정책백서』)

 '문화의 산업화'를 국가의 기본 방침으로 명확하게 내세운 일본 정부의 움직임도 예외는 아니다. 일본 정부는 2002년『구조개혁 기본 방침』에서 인재 육성, 영상과 콘텐츠 유통시장 구축, 지적재산권 보호 등을 추진하여, 게임 소프트, 애니메이션, 방송 소프트 등 콘텐츠 산업을 육성하겠다고 발표하였다. 2003년『구조개혁 기본 방침』에서는 "문화 예술에 대해서 '관과 민', '국가와 지역'의 역할을 재검토하고 비용에 대한 효과를 검증하는 등, 그 지원의 중점화를 추진하여 국내외 사람들을 매혹할 수 있는 우리 문화로 향상시키자."라고 언급하며, 문화산업 국가를 목표로 활발한 움직임을 보였다.

 오늘날 대중문화는 단순히 여흥이나 오락이 아닌, 사람들의 새로운 생활 방식에서 매우 중요한 존재이다. 더욱이 세계 각국이 주목하는 거대한 산업으로 계속 변모하는 중이다. David. Hesmondhalgh(2002)은 문화산업이 1980년 이후 세계 각국 경제활동의 중심으로 자리 잡아가는 점에 주목하여 전체 산업에서 문화산업의 위치를 다음과 같이 설명하였다. 우선, 문화산업이 세계 각국의 주 관심사로 부상하게 된 것은 높은 부가가치를 기대할 수 있으며 심각한 고용 문제도 해결해 주기 때문이다. 초기 문화산업이 영화, 출판, TV, 그리고 CD 산업 등의 분야가 각각 별개의 산업이었던 것과 달리, 오늘날은 복합기업을 형성한다는 것이 특징이다. 또한 국경을 뛰어넘는 문화상품의 시장 확대는 미국의 독점적인 지배를 감소시켜 줄 것이라고 기대하였다. 단, 오늘날 문화산업에서는 다양한 소비자를 확보하기 위해서 항상 변화하려는 노력이 필요하며, 그것을 지속해 나가는 것이 중요하다고 강조하였다.

 이처럼 세계 각국이 자국의 문화산업에 주목하는 이유는 다음 두 가지 관점에서 해석할 수 있다. 첫째는, 문화적 관점에서 자국의 언어와 전통 등 고유문화를 세계에 널리 알림으로 자국 문화 이미지를 고양하기 위해서이다. 국교를 맺은 세계 여러 나라에 대사관과 영사관 등의 국가 직할 기관을 운영하는 것 외에도, 자국의 문화를 알리는 목적으로 '문화센터'를 설치하는 것 역시 그 이유라고 말할 수 있다. 둘째는, 경제적 관점에서 '국가의 문화 이미지는 그 국가에 대한 선호도에 영향을 미칠 수 있으며, 소비자의 소비 형태에도 영향을 줄 수 있어', 국가 가치 구축에 관련한 모든 산업에서 그 파급효과를 기대할 수 있기 때문이다. 실제, 1990년대 후반 "한국의 대중문화가 중국 등지 아시아에 확산됨에 따라, 국가의 이미지가 개선되고, 한국 상품에 대한 선호도를 높였다는 사례가 있다."[8]

한국 대중문화의 유행을 뜻하는 '한류' 현상(제3장에서 상세히 설명하겠지만)은, 중국과 베트남 등지에서 서서히 확산되어 오늘날은 난공불락의 요새라고 생각해 오던 일본 사회까지 파고들었다. 이와 같은 '한류' 현상에 대해서 김정수(2002)는 의도된 계획에 의해서 만들어진 것이 아니라, 내적, 외적, 개인적, 정책적 요인이 우연히 맞아떨어져 발생한, 설계되지 않은 성공(Success Without Design)으로 분석했다. 여기서 말하는 '내적' 혹은 '정책적' 요인이 한국 측 송신자의 노력을 의미한다면, '외적' 혹은 '개인적' 요인은 수신자 측인 소비자를 지칭한다.

적절한 시기에 발생했다고 결론짓기보다는, 여기서 다시 한번, 왜, 아시아에서 '한류' 현상이 일어났는지를 생각해 볼 필요가 있다. 송신자 측인 한국 정부가 꾸준히 문화산업을 지원한 것이 '한류'라는 꽃을 피운 토대가 된 것은 당연하다. 하지만 수신자 측 사람들은 왜 한국

---

8 임학순, 『창의적 문화사회와 문화정책』, 32쪽.

대중문화에 주목하며 아시아에서 '한류' 현상을 일으키는 것인가? 그들의 눈을 사로잡은 '한류'의 매력은 무엇인가? 이런 문제에 대한 대답은, '한류'의 수신자가 여러 국가로 확산된 지금 상황을 고려하면 일괄적으로 논하기 어렵다. 실제, 중국, 일본, 대만, 홍콩, 동남아시아 등 여러 국가의 다양한 사람들이 '한류'의 소비자로 거론된다. 그러나 그중 일본은 한 가지 특이한 점을 엿볼 수 있다. '한류'가 한발 늦게 일어난 일본 사회에서의 '한류' 소비 중심축이 다른 국가와는 다르게 중장년 여성층이라는 점이다.

보드리야르는(제2장에서 상세히 논하겠지만), 소비사회에서 사물(=상품)의 소비 과정을 '상품의 기호화'라는 이론으로 설명하였다. 그에 의하면, 사물이 상품으로 소비된다는 것은 다른 사물과의 '차이=기호'를 가지는 것을 의미한다. 그리고 사람들이 '차이=기호'화한 상품을 사는 것은 사회 속에서 다른 사람과 자신의 차이를 소비하는 것으로, 이는 그 차이에 '사회적 지위'와 '위신'이 내포되어 있기 때문이다. 하지만 그 상품의 대상이 '문화'라면, 이와 다른 비소비 과정도 고려해야 한다고 논하였다. 정보를 얻기 위한 도구가 아니라 지식인인 것처럼 자신을 포장하기 위해 「뉴욕타임스」 신문을 읽는 것과 같이 '사회적 지위'와 '위신'을 추구하는 도구로써 소비하는 경우도 있지만, 순수하게 문화의 고유 영역 속에서 즐기는 비소비 과정도 있기 때문이다. 즉, '문화'는 일반 상품과는 구별되는 이중성을 지녔다는 것인데, 일본 사회에서 '한류'의 소비는 과연 어떻게 해석할 수 있을까?

이러한 점을 염두에 두고, 필자는 한국 문화산업 중 하나인 '한류'를 소비하는 일본 소비자의 입장에 주목하여, 왜 '한류' 현상이 일어났는지, 그들이 '한류'를 접한다는 것은 무엇을 의미하는지, 난공불락이라고 생각해 왔던 일본 사회에서 '한류' 현상을 만들어 낸 중장년 여성들에게 대체 그것은 무엇을 의미하는 것인지, 이와 같은 관점에서 문제를 제기하여 사회현상을 이해하고자 한다.

각 장의 구성을 요약하면 다음과 같다. 제1장에서는 앞으로 세계가 나아갈 길 중 하나로 여겨지는 '문화산업'에 대해서, 그것이 어떠한 것인지, 그것이 중심이 되는 세계는 어떤 세계인지를 다루고자 한다. 그 첫 작업으로 '문화산업'의 정의와 함께, '문화산업'의 사회적, 경제적 배경을 토대로 '문화산업'의 이론적인 틀을 살펴보겠다. 그 출발점으로는 '문화산업'이라는 용어를 처음 사용한 프랑크푸르트학파의 입장과 이에 대비되는 Cultural Studies의 입장을 비교하고자 한다. 다음으로, 오늘날 포스트모더니즘의 문화산업이론을 '대중'과 '지식인'의 입장이라는 공통 키워드에서 생각해 보고자 한다.

제2장에서는 소비사회에서 '대중문화'와 같은 문화적 상품의 취급에 대해서 생각해 보고자 한다. 이론의 준거 체계로는 보드리야르의 '소비사회이론'을 바탕으로 그가 말하는 상품의 '기호가치'란 구체적으로 무엇을 의미하는지, 왜 현대 소비사회를 이해하고 분석하는 데 있어서 '상품의 기호화'라는 특징을 추가할 것을 제안하였는지, 이 문제를 둘러싸고 보드리야르가 주장한 논리 전개를 보다 명확하게 이해하고자 한다. 주요 내용으로는 소비사회에서 상품 자체의 변화, '상품의 기호화'와 같이 상품에 대한 인식의 변화를 사회, 경제적 배경에 근거하여 보다 상세하게 논하고자 한다.

제3장에서는 아시아에서 한국 대중문화 유행의 탄생과 보급의 의미를 생각해 보고자 한다. 특히 일본 사회에 한국의 문화산업이 퍼져 가

는 과정에서, 소비량이 증가하는 '한류'라는 상품에 주목하고자 한다. 다른 국가들 가운데서 보이는 '한류'의 확산과는 달리, 왜 중장년 여성이 초기 '한류' 소비의 주역이 되었는지, '한류' 상품을 수출하는 생산자의 관점이 아니라 소비자의 입장에 초점을 맞추어 살펴보고자 한다. 그 방법으로, 실제 '한류' 문화를 접한 일본 여성을 대상으로 의식조사를 실시하였다. 일본 사회에서 '한류' 현상이 일어난 이유가 무엇인지, 그들이 '한류'를 통해서 얻고자 한 것은 무엇이며, '한류'를 통해서 소비한 것은 무엇인지 구체적으로 살펴보겠다.

 결론에서는 각 장의 내용을 바탕으로, '한류'라는 '대중문화'가 일본 사회 속에서 어떻게 받아들여지는지에 대해, '소비의 기호론'이라는 체계 속에서 생각하고자 한다.

일본 문화 소비의 이중성

※ 목차

서론_3

제 1 장
··· 대중문화와 문화산업 ···

1. 프랑크푸르트학파의 입장 - 정치적 도구로서의 '문화' ····················· 17
2. Cultural Studies의 입장 - 계층 간 소통 도구로서의 '문화' ············· 23
3. 포스트모더니즘의 문화산업이론 - 소비 상품으로서의 '문화' ········· 28
4. 문화의 시대 - '문화산업'이 나아갈 방향 ··· 34

제 2 장
··· 대중문화와 소비사회 ···

1. 소비기호론 ··· 41
2. 생산 중심 사회에서 소비 중심 사회로 ··· 46
3. 기호 ··· 54
4. 위신 ··· 59
5. 기호론의 왜소화 ··· 65
6. '문화'의 이중성 ··· 68

제 3 장
··· 상품으로서의 한류 문화 ···

1. '한류'의 탄생과 보급 ··· 76
2. '한류' 문화와 일본 여성들 ··· 84
3. 키워드로 알아보는 '일본 한류' ··· 96

1) 상호 이해 ··· 98
  2) 역사와 문화에 대한 흥미 ·· 104
  3) 노스탤지어 ··· 107
  4) 친구의 폭을 넓히기 ··· 113
4. 상품으로서의 '일본 한류' – 문화 소비의 이중성 ····················· 118

결론 _ 123
'한류' 문화와 일본의 여성들 _ 137
    – 현대사회 의식조사 –

제1장

대중문화와 문화산업

'대중문화'란 말 그대로 '대중'—사회학에서는 특정 집단과 계층에 소속 의식이 없는 불특정 다수 사람들로 이루어진 비조직적인 집합체를 의미한다—이 즐기는 '문화'를 뜻한다. '대중문화'의 형성과 확대는 산업화, 도시화, 교통·통신의 발달, 교육의 보급과 정비 등 사회적 변화가 가져온 것으로, 이는 문화의 특권적 소비를 해체하였다는 점에서 긍정적으로 평가할 만하다. 하지만 산업화에 의한 대량생산과 대량소비 시스템 아래 '문화'가 상품화, 획일화, 저속화되는 문제들은 간과할 수 없다.

서론에서 설명하였듯이 한국과 일본은 '문화의 산업화'를 국가의 기본 방침으로 명확히 내세워, 한국은 1990년대 초반부터, 일본은 2002년부터 그 정책을 꾸준히 진행해 왔다. 과연 양국의 선택은 적절하다고 볼 수 있을까? 이러한 점을 염두에 두고, 제1장에서는 '문화산업'에 처음으로 문제를 제기한 프랑크푸르트학파 시대부터 오늘날에 이르기까지 '문화'와 '문화의 산업화'에 대한 시대별 입장의 변천을 살펴본 후, 앞으로의 사회 모습과 함께 '문화산업'의 이론을 생각하고자 한다.

우선, 프랑크푸르트학파는 '문화'에는 부르주아, 지식인이 소유하는

'고급문화'와 노동자가 향유하는 '대중문화'(저급 문화)가 존재한다는 것을 전제로 하였다. 그들은 당시 그들이 처한 사회 상황의 관점에서, '대중문화'가 특정한 독점적 정치권력의 도구로 사용되어질 경우 지극히 위험한 상황에 빠질 수 있다는 이유로 '대중문화'의 산업화를 부정하였다.

이에 반해 Cultural Studies는 사회 전반적인 '문화'의 건전한 발전을 위해서는 프랑크푸르트학파가 강조해 온 어느 한쪽의 '고급문화'만으로는 불충분하므로, 이를 보완하기 위해서는 사회 각 계층이 저마다의 '문화'를 지니며, 그러한 '문화'들이 공통의 영역에서 서로 연결될 필요가 있다고 지적하였다. 이러한 공통의 '문화' 영역을 확대해 가는 것을 중요시했던 그들의 입장에 따르면, 프랑크푸르트학파가 부정하였던 '문화산업'도 산업의 한 분야로 생각해 볼 수 있다.

고학력화와 경제성장에 수반하여 새로운 중산계층(New middle class)이 증가하는 포스트모더니즘 사회에서는 '대중문화'의 산업화를 긍정적으로 평가하는 분위기이다. 주변에 소비문화 성립의 토대를 이루는 커다란 시장이 형성된다는 점을 고려한 경제적 관점이다. 그렇지만 소비문화가 중심인 사회에서 사람들의 정치의식이 희박해지는 상황을 주목할 때, 사회에 대한 판단력이 마비되어 자칫 위험한 상황에 빠지지는 않을까 염려하는 목소리도 커져 가고 있다.

이처럼 사회, 경제의 변화와 함께 문화를 바라보는 생각과 '대중문화'의 산업화에 대한 견해도 제각기 다르게 변화해 왔다고 볼 수 있다. 하지만 사회에서 지식인의 역할, 즉 정치의 중요성을 강조하는 점은 일치한다. 다음 장에서는 '문화산업'이라는 용어가 처음 사용된 프랑크푸르트학파의 '문화산업이론'을 둘러싸고, 왜 그들이 '대중문화'의 산업화에 그토록 반대 의견을 내세웠는지 그 배경을 살펴보고자 한다.

1. 프랑크푸르트학파의 입장 – 정치적 도구로서의 '문화'

프랑크푸르트학파란 두 부류의 사람들을 함께 지칭하는 명칭이다. 한 부류는 1930년대에 호르크하이머(Max Horkheimer, 1895-1973)의 지도로 프랑크푸르트대학 사회연구소에 모여 마르크스주의와 경제적 사회 연구를 접목해 독자적인 학술 연구를 진행했던 일련의 사람들이고, 다른 한 부류는 50년대 이후 망명지인 미국에서 귀환한 호르크하이머와 아도르노(Theodor Wiesengrund Adorno, 1903-1969)에 의해 재건된 동일 연구소를 중심으로 활약한 사람들이다. 제1세대로는 호르크하이머와 아도르노, 마르쿠제(Herbert Marcuse, 1898-1979), 그리고 벤야민(Walter Benjamin, 1892-1940)이 있으며, 제2세대로는 하버마스(Jürgen Habermas, 1929-)와 슈미트(Carl Schmitt, 1888-1985)가 있다. 그들의 연구를 살펴보면, 초기에는 기존의 자본주의 체제와 그 체제 속의 억압적인 문화 체계가 대결하는 '비판이론'을 전개하였다. 망명 생활을 보내던 중에는 파시즘이 서구 문명을 발달시키는 데 필연적인 귀결이 되었던 점을 명확히 하고자 하였다. 전후에는 선진 자본주의사회의 관리사회 체제에서 '도구적 이성' 비판과 실증주의 비판을 전개히며 반체제적인 정치적 행동을 추진하였다. 이는 60년대 신좌익 운동에 커다란 영향을 끼쳤다.

'문화산업'이라는 용어는 아도르노와 호르크하이머가 미국에서 망명 생활을 하던 시절에 저술한 『계몽의 변증법』(1947)에 실린 「문화산업—대중 기만으로서의 계몽」에서 처음 사용하였다. 그들의 주장으로는 나치 정권 시대에 산업화된 문화(구체적으로 말하면 영화)를 정치의 도구로 사용하여 대중을 조작하고 통제하는 데 이용했다는 것이다. 이처럼 '문화산업'이라는 용어는 부정적인 이미지로부터 출발하였다.

일본 문화 소비의 이중성

대중이 조작된다는 의미는 "감각적인 잡다함을 미리 기본적인 개념에 결부시키는 움직임은 그 주체에게 기대되었던 것이지만, 지금은 그 작용을 산업의 손이 주체에게서 뺏어갔다."[1]는 호르크하이머와 아도르노의 지적과 같이, 사람들은 '문화산업'이 제공하는 통일적인 규격품을 자신의 선택이 아닌 산업의 손에 의해 일방적으로 받아들이면서 스스로 생각할 기회를 잃어버렸다는 것이다.

이러한 상황을 야기한 것은 '문화산업'의 기술력, 즉 영화 기술과 녹음 기술, 벤야민이 말한 '복제 기술'이었다. 산업의 대량생산 체계는 획일적인 생산물을 사람들에게 부여하였고 그 결과, 일률적인 규격품을 만든 것과 같이, 그것을 소비하는 사람들조차 획일적으로 재생산한다는 것이다. 호르크하이머와 아도르노는 이러한 '대량생산'과 '일률적인 인간 재생산'이 나치 시대에 정치적 도구로 사용되었음을 지적하며, 다른 어떠한 사회에서도 그와 같은 가능성을 완전히 배제할 수는 없다고 주장하였다.

프랑크푸르트학파의 중심인물인 마르쿠제는 선진 자본주의사회의 관리사회적 상황을 비판한 『일차원적 인간』(1964)에서 "'전체주의화'에는 테러를 이용해 사회를 정치적으로 균등화시키는 것 외에, 테러가 아닌 다른 경제적, 기술적 방법으로 균등화시키는 것—그것은 기득권의 이익에 호소하는 욕구 조작을 통해서 이루어진다—도 있다."[2]라고 지적하였다. 후자가 의미하는 전체주의는 호르크하이머와 아도르노가 주장한 "사람들에게 규격품을 부여하여 일률적인 인간을 재생산한다."는 이론과 기본적으로 유사하다. '문화산업'이 만들어 낸 규격품에 접

---

1 ホルクハイマー・アドルノ, 『啓蒙の弁証法』, p.191.
2 マルクーゼ, 『一次元的人間』, p.21.

하는 동안 사람들은 그러한 규격품 이외의 다른 것을 주체적으로 생각하기를 포기해버린다. 이 때문에 사람들은 산업사회의 기술에 규제당해 '일차원적인' 인간이 된다. 그리고 바로 이러한 때 정치적으로 이용된다는 것이다. 이러한 주장은 문화의 산업화 위험성을 주장하던 호르크하이머와 아도르노의 이론과 일치한다.

'문화산업이론'에 대한 이와 같은 비판적인 관점은 프랑크푸르트학파가 처한 당시 시대 상황과 밀접한 관련이 있다. 그것은 나치의 전체주의적 체제하에서 '대중문화'가 극단적으로 일률적인 형태를 띠며, '문화산업'이 제공하는 획일적인 생산물 때문에 자연스럽게 수신자인 대중이 조작되는 상황을 비판한 데서 생겨난 것이다. 즉, 그들은 '문화산업'의 대량생산에 의한 획일화가 사람들의 내면을 획일화시키고, 더 나아가 국민의 비판력을 빼앗을 수도 있다는 인식에서, '문화산업'이 전체주의 체제의 유지를 위한 유력한 미디어로 작용하는 것을 비판하고 이 때문에 문화의 산업화를 부정하였던 것이다.

이러한 호르크하이머와 아도르노의 문화산업 비판은 나치 독일의 문화 상황만으로 형성된 것이 아니다. 이는 그들이 망명 생활을 보내던 당시 미국의 문화 상황까지 시야에 둔 비판이었다고 볼 수 있다. 하지만 "'문화산업'이란 용어가 쓰인 당시는 1960년대 시대 상황과 비교해 볼 때 다양성이 결여된 시대였다. 예를 들면, 당시의 할리우드는 여전히 '수직으로 통합되어', 다섯 개의 주요 스튜디오가 제작, 배급, 공개 부문을 독점하고 있었다. TV 산업은 아직 초기 단계였고, LP와 싱글은 알려지지 않은"[3]시대였다. 즉, TV산업은 시작 단계에 머물러

---

3 Simon. During, "Theodor Adorno and Max Horkheimer" in *The Cultural Studies Reader*, p.29-30.

있던 차라 널리 보급되지 못하였고, 레코드 산업도 일반화되지 않은 시대였으므로, 사람들은 오락의 수단으로 오로지 영화를 볼 수밖에 없던 시절이었다. 게다가 그러한 영화 산업도 소수 회사가 영화를 만들고, 배급과 공개를 독점하는 실정이었다. 실로 그들이 두려워하던 "독점 아래 대중문화는 획일화된다."[4]는 상황이 전체주의 사회뿐만 아니라, 자본주의사회에서도 발생한다는 일련의 확인이 그들을 '문화산업'에 대한 부정론자로 이끌었던 것이다.

호르크하이머와 아도르노는 '문화산업'이 만들어 낸 상품을 예술 작품과 비교하여, 다음과 같이 설명하고 있다.

> 위대한 예술 작품의 양식이, 예전부터 자기를 부정해 왔던 이 좌절에 자신을 방치해 두는 것에 비해서, 박약한 작품은, 항상 다른 작품과의 유사성 혹은 동일성의 대용물에 집착하여 왔다.[5]

여기서 '동일성'이란 그 의미가 모호하기는 하지만, 독일어 원문에서는 'Identität'(영어의 identity)로 표기된다. 즉, 고급 예술 작품이 자신의 아이덴티티를 추구하기 위하여 노력하는 데 반하여, 문화산업 작품은 처음부터 그러한 노력을 기울이지 않고 다른 작품과의 '유사성'을 자신의 아이덴티티로 대체하여 만족한다는 것이다. 후자는 저급한 문화의 특성이며, 이미 검증을 끝낸 기존 양식의 "이미테이션을 절대화하는" 것이 기본이기 때문에, 이러한 의미에서 '문화산업'은 산업으로서 충분히 성립한다. 프랑크푸르트학파는 문화가 그러한 것이 되었을 때의 위험성을 지적하는 것이다.

---

4 ホルクハイマー・アドルノ, 『啓蒙の弁証法』, p.186.
5 위의 책, p.201.

그들이 문화를 '고급'과 '저급' 두 종류로 나누어 생각할 때, 기준이 되는 것은 문화에 접하는 사람들이다. 그들이 말하는 고급문화는 '지식인'의 것이며 그에 대비되는 저급 문화는 '대중'의 것이라고 구분 짓는다. 이는 호르크하이머와 아도르노가 애초부터 '문화산업'에 대해 부정적인 생각을 할 수밖에 없는 필연적인 이유이다. 블루머(Herbert George Blumer, 1841-1931)에 따르면, '대중'은 이질적인 속성과 배경을 가진 익명의 다수로 이루어진 미조직의 집합체를 의미하는 것으로, 공간적으로 산재하고 있어 간접적으로밖에 접촉할 수 없으며, 매스커뮤니케이션의 수신자 및 대량생산의 소비자로 존재한다. 19세기 말 르봉(Le Bon Gystave, 1900-1986)은 '군중심리'라는 이론 아래에 '대중'의 등장을 예견하면서, '대중'의 충동성과 경박성 등 비합리적인 성격을 비판하는 한편, 매스커뮤니케이션과 대량생산의 수동적인 수신자로 엘리트들에 의해 조작된 '대중'은 어느 날 갑자기 미조직의 운동을 일으켜 엘리트들에게 타격을 줄 수도 있다고 논하였다. 한편 마르크스주의자 및 근대주의를 지향하는 사회학에서는 조직 속의 노동자를 중핵으로 하는 인민 '대중'을 의미하기도 하며, 합리적이고 진보적 성격을 강조하는 대중이 개념도 있다. 즉, '대중'은 노동자계급과 같이 일반 사람들을 나타내는 때도 있으며, 조작된 '속중'의 의미로 구분될 수도 있다. 호르크하이머와 아도르노가 생각하는 '대중'은 후자의 의미에 가까우며, 적극적으로 사유하는 힘을 가지지 못하고, 속기 쉬우며, 취미와 교양이 낮은 사람들을 의미하는 것이었다.

　아도르노와 교우 관계를 가지며, 같은 프랑크푸르트학파의 일원이었던 벤야민은 문화, 예술뿐만 아니라 역사, 사회의 여러 분야 연구에도 영향을 끼쳤다. 예술의 역사적, 사회적 고찰의 길을 연 그의 저서

『복제 기술 시대의 예술 작품』(1936)에서 "예술 작품 앞에서 정신을 집중하는 경우, 사람은 그 작품 속으로 침잠한다. 자신이 완성한 그림을 바라보던 중국 옛 화가의 전설에서도 알 수 있듯이, [그림을] 바라보는 사람 자신이 그 작품 속에 빨려 들어가버린다는 것이다. 이에 반해서 산만한 '대중'은 반대로 자기의 내부에 예술 작품을 침잠시킨다."[6]라고 지적하는 것처럼, 그는 대중을 '산만한 존재'로 간주했다. 즉, 예술 작품을 감상하기 위해서는 정신의 집중이 필요하지만, '대중'에게는 그러한 능력을 기대할 수 없으므로 '대중'이 가진 문화는 가치가 낮을 수밖에 없다는 것이다. 이와 같이, 벤야민의 견해 또한 호르크하이머와 아도르노가 '대중'을 '속중'의 의미로 여기는 것과 일치함을 알 수 있다.

이처럼 프랑크푸르트학파는, '대중문화'가 독점적 정치권력의 도구로 사용될 때 지극히 위험한 상태에 빠질 수 있다는 것, 더욱이 문화 그 자체가 산업화되는 것은 바람직하지 않다는 것을 이유로 부정하였던 것이다.

다음 장에서는 프랑크푸르트학파가 부정적으로 취급한 '대중'과 '대중문화'의 의미에 대해서 레이먼드 윌리엄즈(Raymond Williams, 1921-88)를 중심으로 하는 Cultural Studies는 어떠한 견해를 밝혔는지 생각해 보고자 한다.

---

6 ワルター・ベンヤミン, 『複製技術時代の芸術』, p.77.

2. Cultural Studies의 입장 - 계층 간 소통 도구로서의 '문화'

Cultural Studies는 원래 리처드 호가트(Richard Hoggart, 1918-)와 레이먼드 윌리엄즈에 의해 1950년대 영국에서 형성된 문화 연구 학파이다. 윌리엄즈를 중심으로 '대중문화'에 초점을 맞추면서, 계급적인 문화 형성과 사회적인 실천의 문맥적 관계에 주목하여 출발하였다. 주요 구성원이었던 윌리엄즈는 1961년에 케임브리지대학 연구원으로 재직하기 전 20년간 옥스퍼드대학의 공개강좌에서 성인교육[7]의 강사를 역임하였다.

'대중문화'의 대상인 노동자계급 문화에 대한 해석은 다음과 같이 몇 가지로 나누어 생각해 볼 수 있다. 우선 F.R.리비스(Frank Raymond Leavis, 1895-1978)를 중심으로 하는 보수적인 태도의 스쿠르티니학파[8]를 살펴보면, 서구 엘리트주의 입장에 서서, 대중화된 문화에 대해 좋지 않다는 견해를 보인다. 같은 시기 조지 오웰(George Orwell, 1903-1950)은 당시 문화가 '대중화', '미국화'되는 것을 지적하면서도, 그 독자 기반인 노동자계급의 문화가 변화하는 것에 주목하였다. 한편, 호가트는 제2차세계대전 후 노동자계급 문화에 변화가 일어나는 데 대해서는 오웰의 생각과 일치했지만, 미국화가 노동자계급 문화를 근본적으로 변화시킨다고까지는 생각하지 않았다. 이에 반해서 윌리엄즈는 문화를 '자본가계급 문화'와 '노동자계급 문화'로 나누는 기존의 생각을 부정하고, 두

---

7 영국의 노동자교육협회 Workers Educational Association(WEA)와 YMCA, 대학 등은 국고보조를 받는 책임 단체로서 자유로운 의사에 바탕을 둔 자립적이고 다양한 교육 활동을 펼친다.
8 영국의 문학비평 잡지로, 1932년 F.R.리비스, Q.D.리비스, L.C.나이트 등이 편집자가 되어 케임브리지대학을 중심으로 창간하였다. 정밀하고 엄격한 비평 기준을 추구하여 한 나라의 문화를 고양하고자 하는 사명감에서 출발하였다.

문화의 상호 접점을 늘려가는 것이 바람직하다고 생각하였다.

1960년대, 버밍엄대학에 현대문화연구센터[9]가 설립되자, Cultural Studies는 커다란 발전을 이루며 다양한 연구 분야로 시야를 확대해갔다. 예를 들어, 오디언스의 해석 문제를 다루는 '미디어 연구'[10], 젊은이들의 다양한 스타일을 계급과 에스니시티의 문제에 초점을 맞추어 생각하는 '서브컬처'[11]이론, 그리고 젠더의 문제를 다룬 '페미니즘', '포스트식민주의비평', '역사학의 구축' 등, 다양한 분야에 걸쳐서 문화를 연구했다.

이 책에서는 레이먼드 윌리엄즈가 구축한 Cultural Studies에 초점을 맞추어, 프랑크푸르트학파가 부정적으로 인식할 수밖에 없었던 '대중'과 '대중문화'가 어떻게 이해되었는지를 살펴보고자 한다.

D. 케르너(2002)는 오늘날 문화·사회적 상황을 분석하면서, 프랑크푸르트학파와 Cultural Studies의 이론을 새롭게 재정비하는 것이 건전한 문화 연구에 필요한 과제이며, 양자의 약점과 한계를 상호 보충하는 것이라고 지적하였다. 그리고 양자의 관계에 대해서는 다음과 같이 논하였다.

> 양자 모두 문화를 이데올로기의 재생산 및 헤게모니의 양식으로 간주하였으며, 문화의 다양한 형태는 개개인이 자본주의사회의 사회적 조건에 적합한 사고와 행동의 양식을 형성하도록 재촉한다고 생각한다. 또한, 양자 모두 문화를 자본주의사회에 대한 저항의 한 형태로 보고 있다. 영

---

9 Centre for Contemporary Cultural Studies(CCCS), Cultural Studies의 유래이다. 초대 소장인 호가트와 제2대 소장인 스튜어트 홀이 소장을 역임한 시기에 왕성한 연구 업적을 이룩하였다.

10 예를 들면, 데이비드 모라이, 『네이션 와이드 오디언스』(1980)가 있다.

11 예를 들면, 폴 윌리스, 『하마타운의 젊은이들』, 1977; 딕 헤브디지, 『서브컬처』(1979)가 있다.

국의 Cultural Studies의 초기 선구자들, 특히 레이먼드 윌리엄즈와 프랑크푸르트학파의 이론가들은 고급문화를 자본주의적 현대사회에 대한 저항력으로 보았다. 훗날 영국의 Cultural Studies가, 미디어 문화, 오디언스의 해석, 미디어 제품의 호용 중에서 저항의 모멘트를 정착시켰던 것과는 달리, 프랑크푸르트학파는, 몇 가지 예외는 있다고 하더라도, 대중문화를 이데올로기 지배의 균질이라는 강력한 형태로 보는 경향이 있다. 이것이 두 가지 전통을 나누는 결정적인 차이라고 할 수 있다.[12]

케르너는 Cultural Studies가 프랑크푸르트학파의 영향을 받아 출발하면서, 서서히 그들을 뛰어넘는 새로운 태도를 보이고 있다고 분석하였다. 이 점은 윌리엄즈의 주장에서도 명료하게 살펴볼 수 있다. 윌리엄즈는, 산업혁명 이후 사회의 계급 구조가 근대적 기업의 소유자 및 경영자와 같은 부르주아와 그 아래에서 생산 활동에 종사하는 노동자, 즉 프롤레타리아의 두 계급으로 이루어졌다는 마르크스주의 이론을 기반으로 사회는 자본가와 노동자로 이루어진다고 지적하였다. 하지만 동시에 '부르주아 문화' 또는 '노동자계급 문화'라는 표현의 부적절함을 다음과 같이 논하였다.

> 우리는 지금 '노동자계급 문화'라는 말의 정확한 의미를 이해할 수 있다. 그것은 프롤레타리아적 예술, 주영[시영] 주택, 특수한 언어 습관 그 어느 것도 아니다. 그것은 오히려 기본적인 공동 관념과 이 관념에 기인하는 관행, 풍습, 사고, 의도를 말하는 것이다. 마찬가지로 부르주아 문화라는 것은 기본적으로 깔려 있는 개인주의적 관념과 그 관념에 기인하는 관행, 풍습, 사고, 의도를 말하는 것이다. 전체적으로 우리들의 문화에는, 이러한 두 가지 생활의 모습 속에서 부단한 상호작용과 양자에게 공통된 혹은 상호 연결된 영역이 존재하는 것이다.[13]

---

12 Douglas Kellner, "The Frankfurt School and British Cultural Studies: The Missed Articulation" in *Rethinking the Frankfurt School*, p.35.

부르주아 문화와 프롤레타리아 문화를 상호 구별할 수 있다고 하더라도, 부르주아 측 문화 혹은 프롤레타리아 측 문화가 반드시 자신들의 계급을 위해서만 형성되었다고는 생각할 수 없다. 윌리엄즈는 이 양자의 문화란 전혀 별개의 것이 아니라, 접점(공통점)이 있다고 확신하였다. 그리고 양자를 통합하는 것이 진정한 국민 문화가 된다고 기대하였다.

케르너가 말하는 "자본주의사회에 대한 저항"이라고 하더라도, 프랑크푸르트학파의 입장과는 달리, 윌리엄즈는 사회 전체의 완전한 문화 형성을 위해서 자본가계급뿐만 아니라 노동자계급도 문화를 가질 필요가 있으며, 지식인은 그러한 문화를 육성하기 위해 노력해야 한다고 주장하였다. 프랑크푸르트학파가 '대중문화'를 전면적으로 부정했던 것에 비해, 노동자가 기반이 되는 '대중문화'를 육성하는 것이 사회 전체의 건전한 발전을 위한 것이 된다는 윌리엄즈의 관점은 명확히 다르다고 할 수 있다. 그리고 이러한 노동자계급 문화를 육성하고, 접점을 증대해 나가는 방법으로 Cultural Studies의 지식인들은 노동자에게 교양이 중요하다는 것을 다음과 같이 지적하였다.

> 문화는 그것이 살아 있는 한, 항상 일부는 미지의 것이며, 일부는 이해될 수 없다. 공동사회의 형성은 항상 하나의 탐험이다. 왜냐하면, 의식이 창조에 선행하는 것은 불가능하며, 미지의 경험에 대한 공식은 없기 때문이다. 좋은 공동사회, 살아 있는 문화는 이러한 이유로, 공통으로 필요한 의식의 전진에 이바지할 수 있는 모든 사람들과 그 밖의 어떠한 사람들에게도 길을 열어 둘 뿐만 아니라, 적극 고무하는 것이다. 우리가 어디서 출발하였든지 다른 입장에서 출발한 다른 사람들에게 귀를 기울여야 한다. 우리는 모든 주의력을 집중하여 모든 애착과 모든 가치를 고려해야

---

13 レイモンド・ウィリアムズ, 『文化と社会』, p.269.

한다. 그 이유는, 우리는 미래를 모르며, 우리는 무엇이 미래를 풍요롭게 할 수 있는지 확신할 수 없기 때문이다. 우리가 지금 할 수 있는 것은 제공되는 모든 것에 귀를 기울이고 고찰하며 우리가 할 수 있는 모든 것을 실행하는 것뿐이다.[14]

사회 전체 문화가 건전한 발전을 하기 위해서는 이른바 고급문화만으로는 충분하지 않다는 것, 사회의 다양한 계층이 저마다 문화를 가지며, 그러한 문화가 공통의 영역으로 연결될 필요가 있다는 것이다. 위의 인용문에서도 알 수 있듯이 "우리가 어디서 출발하였든지 다른 입장에서 출발한 다른 사람들에게 귀를 기울여야 한다."는 윌리엄즈의 생각은 '사회를 구성하는 두 계급, 부르주아와 노동자 사이에서 어떠한 계급의 출신이든 다른 계급의 의견에 귀를 기울여야 한다'는 것을 의미한다. 그리고 '모든 애착, 모든 가치'가 중요하다는 주장은 '문화의 다양성'의 주장이라고 볼 수 있다. 이 다양성의 시점이 어쩌면 다음 포스트모더니즘 시대에 연결되는 것인지도 모른다.

Cultural Studies에서는 문화가 사회 통합('좋은 공동사회'의 결성)의 힘으로 중요시됐지만, 다양성의 시점을 도입한 것이 사회 통합의 방향성과 반드시 일치하는 것은 아니다. '우리는 미래를 모르며, 우리는 무엇이 미래를 풍요롭게 할 수 있는지 확신할 수 없다'는 말의 의미는, '좋은 공동사회'라는 관념이 시사하는 '안정성'과는 잘 맞아떨어지지 않는다. 현대는 세계화와 정보화로 사회 환경이 격변하는 중이다. 오늘날 사회는 '좋은 공동사회'의 방향이 아니라, 오로지 '풍요로움'만을 추구하는 것처럼 보인다. 이러한 상황에서 '대중'과 '대중문화'의 해석이 어떻게 변모해 가는지를 다음 장에서 검토하고자 한다.

---

14 レイモンド・ウィリアムズ, 『文化と社会』, p.276.

3. 포스트모더니즘의 문화산업이론 - 소비 상품으로서의 '문화'

'포스트모던'이라는 말은 건축 비평가들이 처음 사용한 용어이다. 1960년대까지 유행하던 사각형 양식에 반발해서 생겨난 건축양식을 표현하던 말인데, 그것이 확대되어 1970년대 후반부터 현재까지 문화 및 문화 연구의 조류를 의미하게 되었다. '포스트모던'은 20세기 서구 문화와 예술, 생활과 사고를 지배해 온 모더니즘에 대한 반동으로, 개성과 자율성, 다양성, 그리고 대중성을 중시한다.

Strinati(1995)는 포스트모더니즘 시대의 특징으로 문화와 사회를 따로 떼어 놓고 생각할 수 없다고 다음과 같이 지적했다.

> 포스트모더니즘은 [새로운] 사회질서의 출현을 기술하는 것이라고 인식되었다. 즉, 이러한 사회에서 매스미디어와 대중문화가 지니는 중요성과 그 권력은 다른 모든 사회관계의 형태를 지배하고 형성하는 것을 의미한다.[15]

이 지적은 Cultural Studies보다도 오히려 프랑크푸르트학파의 주장에 가깝다고 볼 수 있다. 단, 후자가 지니는 부정적인 의미는 포함되지 않는다. 이러한 대중매체와 대중문화가 통치하는 사회는 어떠한 사회인지, 이에 대해 Strinati는 다음과 같이 지적하였다.

> 일단, 자본주의 생산에 고도로 기능적인 시스템이 확립되면, 소비를 고양하려는 니즈(needs)가 나타나고, 사람들은 노동윤리에 더하여 레저 윤리와 소비 윤리를 인식하게 된다. (중략) 풍요로움과 한가한 시간이 늘어나고 또한 노동자계급의 상당수 사람이 어떤 종류의 현시적 소비에 부지

---

15 Dominic. Strinati, *An Introduction to Theories of Popular Culture*, pp.223-224.

런히 힘쓰게 되면 그것이 이러한 과정을 배가시킨다. 이러한 이유로 소비자 신용은 성장하며, 광고와 마케팅, 홍보 등 사람들의 소비를 촉진하는 기관은 확대되고, 소비주의와 쾌락주의, 그리고 사치를 추구하는 포스트모던의 포퓰러 컬쳐(대중문화)가 등장하게 된다.[16]

생산의 니즈를 우선시하던 옛날과 달리 소비의 니즈에 중점을 둔 '소비주의' 시대는 사람들에게 '사용하는 것에 관한 관심(윤리)'을 불러일으켰다. 레이먼드 윌리엄즈가 예견하던 '풍요로운 사회'는 이렇게 실현되는 것처럼 보인다. 단, '좋은 공동사회'가 실현되었는지 어떤지는 아직 알 수 없다. '레저 윤리·소비 윤리'를 언급하지만, 그것이 '좋은 공동사회' 실현의 기초가 될 수 있는지, 아니, 도대체 그것이 무엇을 의미하는지에 대한 문제도 아직 불분명하다. 적어도 지금 단계에서 말할 수 있는 것은 사람들의 삶의 방식에 변화가 일어났다는 것, 즉 새로운 인간과 사회가 출현했다는 것이다.

포스트모더니즘의 특징으로서 Strinati는 "고급문화와 이른바 대중문화(포퓰러 컬쳐) 사이에 존재하는 오래된 구별의 침식"[17]을 언급했다. 즉, 발달한 대중매체가 매개한 다양한 정보에 의해 만들어진 새로운 생활방식은 호르크하이머와 아도르노가 다룬 것처럼 '고급' 문화, '저급' 문화로 간단하게 나눌 수 없다는 것이다. 그 이유는, 현대사회에서는 예전의 '자본가·노동자'라는 분류 장치가 반드시 유효한 것이 아닐뿐더러, 이른바 '새로운 중산계층(New middle class)'이 형성되었기 때문이다.

예전의 대중은 오로지 '수신자'이기만 하였으나, 오늘날 '대중'은 '송신자'의 일도 담당하므로 '대중'의 의미가 크게 변화하였다는 것이다.

---

[16] Dominic. Strinati, *An Introduction to Theories of Popular Culture*, pp.235-236.
[17] Frederick. Jameson, "Postmodernism and consumer society" in *Studying culture*, p.193.

이러한 직업—광고, 마케팅, 디자인, 건축, 저널리즘, TV 프로그램 제작과 관련된 직업이나, 소비 신용의 증대에 따른 회계나 재정 관련 일, 소셜 워커, 각종 심리치료사, 교사, 강사와 같이 심리적·개인적 성장에 관한 일—은 포스트모더니즘의 구축과 관련되어 있다. 그들은 소비주의를 조장, 확대하기 위해서 문화적 상징과 미디어 이미지를 창조하고 조작하며 즐긴다는 말을 듣는다. 이러한 논의는 이러한 직업의 중요성이 증대했다는 것을 설명한다.[18]

이미 설명하였듯이 호르크하이머와 아도르노는 '문화산업'의 대상인 '대중'을, 적극적으로 사유하는 힘이 없으며, 속기 쉽고, 취미 수준이나 교양이 낮은 사람들로 규정하였다. 그리고 그들을 대상으로 하는 문화가 산업화됨에 따라 사람들이 획일화되는 것을 우려하였으며, 그것이 정치적으로 악용될 가능성에 대해서 경고하였다. 한편 Cultural Studies는 건전한 사회의 발전을 위해서, 사회를 구성하는 부르주아계급과 프롤레타리아계급이 공통의 문화를 가질 필요가 있다고 주장하며, '대중' 또한 문화의 책임자가 되어야 한다고 주장하였다.

포스트모더니즘 시대에 들어서는 '대중'이 '소비자'에 머물지 않고, 문화 정보의 '송신자' 역할도 충실히 이루어내는 '새로운 중산계층(New middle class)'으로 변모하는 중이다. 다만 이 '새로운 중산계층'이 윌리엄즈가 말하는 '좋은 공동사회'의 중핵 계급이라고 말할 수 있을지가 중요한 관건이다.

한편, 소비문화가 중심인 포스트모더니즘 사회의 형성 과정을 사회 배경과 함께 분석한 앨릭스 캘리니코스(2001)는 이 새로운 시대의 문제점을 다음과 같이 지적하였다.

---

18 Dominic. Strinati, *An Introduction to Theories of Popular Culture*, p.237.

1980년대는 1960년대 및 70년대 초반에 래디컬한 사람들이 중년으로 불리기 시작한 시기라고 할 수 있다. 그들 대부분은 사회주의혁명에 대한 희망이 멀어짐을 느꼈다. 혹은 오히려 그와 같은 혁명에 대한 희망을 믿지 못하는 사람들이었다고 말하는 것이 좋을지 모르겠다. 그들 대부분은 그때까지 전문직과 관리직, 행정직에서 근무해 오면서 새로운 중산계급의 구성원이 되었다. 그리고 그 무렵 서구 자본주의는 과잉 소비주의 시대에 들어서고 있었다. 그들과 같은 중산계급은 높은 생활 수준의 향상이 보장되었다. (중략) 그러한 분위기 속에서 다음과 같은 상황이 나타났다. 한쪽에는 서구의 새로운 중산계급이 번영했다. 다른 한쪽에는 정치에 대한 환멸감이 존재했다. 그리고 이 두 가지 사회적 상황을 바탕으로 포스트모더니즘의 언설이 등장하였다.[19]

경제적 관점에서는, 서구 자본주의사회에서 '소비자'인 '새로운 중산계층(New middle class)'이 커다란 시장을 형성하는 것이자, 소비문화가 성립하는 토대로 평가된다. 반면, 1960년대부터 70년대까지 서구 세계에서 벌어진 노동운동과 반전운동, 공민권운동, 그리고 학생 반란이 그 목적을 달성하지 못하는 것을 경험한 사람들은 정치에 대한 관심도가 저하되었다. 그러한 정치적 경험을 바탕으로 한 사람들이 중심이 되어 포스트모더니즘이 생겨났다는 시점으로는 소비문화가 만들어 낸 '문화산업'을 산업으로서의 타당성만 가지고 선년석으로 평가할 수는 없다. '소비문화'를 키워드로 하는 포스트모더니즘에서 문화와 경제와 사회를 '문화와 경제', '문화와 사회'와 같이 경제와 사회를 따로 떼어놓고 이해하려는 경향이 있는데, 이에 대해서는 M. 페더스톤(1991)의 다음과 같은 접근 방법을 참고하고자 한다.

---

19 アレックス・カリニコス著, 角田史幸監訳, 田中人・梁田英麿訳(2001)『アゲインスト・ポスト・モダニズム』, こぶし書房, p.371.

사회학은 대중문화이론으로부터 이어져 온 소비의 쾌락에 관한 부정적 평가를 뛰어넘는 움직임을 탐구할 필요가 있다. 우리는 보다 냉정한 사회학적인 방법으로 이러한 새로운 여러 경향에 대해 설명하려고 노력해야 한다. 그리고 이는 단순히 인민주의자(포퓰리스트)적으로 대중의 쾌락과 문화적 무질서에 대해 찬미하는 것이 아닌, 다른 방법으로 진행되어야 한다.[20]

현대사회에서 '문화산업'은 커다란 이익을 창출하고, 경제 분야에서 부와 고용의 원천이 되지만, 캘리니코스가 지적하듯이 정치의식이 약하다는 약점이 있다. 풍요로운 생활 속에 존재감이 옅어지는 지식인들이 어쩌면 '환경 위기'와 같은 범세계적 문제로 다시 부상할지 모른다.

지구 환경문제 싸움에서 성공하기 위해서는, 다음과 같은 국민국가가 발전하는 것 외에는 방법이 없다. 즉, 시장의 흐름을, 정치적으로 규정하는 목적—특히 환경 보전과 보호—과 연결시켜 생각하는 국가나 더욱 넓은 지역적 혹은 국제적 기관 속에서 자국의 환경문제를 효과적으로 주장할 수 있는 국가의 등장이 필요하다. 환경주의자는 국가 정치와 지역 정치의 양쪽에서 환경문제를 주장할 수 있어야 한다. 환경문제를 위해 사람들을 동원하고, 세계경제의 파괴적인 명령으로부터 사람들을 보호해야만 한다.[21]

환경문제에 그치지 않고 에이즈 문제나 세계 빈곤층을 돕는 것을 목적으로 하는 국제적 단체 활동은, 국내에서 그 면모를 잃은 지식인들이 다시 한번 '남북문제'와 관련해 글로벌한 형태로 등장하는 것을 의미한다. A.E.게어(1995)는 글로벌한 지식인의 부활을 위해서 "새롭고 거

---

20 マイク・フェザーストン著, 小川葉子・川崎賢一編著訳(1999) 『消費文化とポストモダニズム』, 恒星社厚生閣, p13.
21 Arran. E. Gare, *Postmodernism and the Environmental Crisis*, p.145.

대한 내러티브(New Ground Narrative)의 형성이 필요하다."라고 주장한다. 그가 말하는 "새롭고 거대한 내러티브"가 무엇을 의미하는지는 명확하지 않지만, 세계에서 환경문제 등을 생각하는 지식인의 사고의 중심축이지 않을까 생각한다. 그러한 내러티브가 형성된다면, 포스트모더니즘 사회의 약점으로 알려진 정치의식의 결여를 보충할 수도 있으며, 그러한 사회 토대로부터 만들어진 '문화산업'도 산업의 하나로 기대할 수 있다고 생각한다.

케르너(2002)는 다양성을 지니는 현대사회에서 소비자로서의 훈련이 정치적 비판력으로 이어질 것을 내심 기대하지만, 이 점에 대한 검토는 제3장(상품으로서의 한류 문화)에서 살펴보고자 한다.

> 내가 보는바 포스트모더니스트에 의한 Cultural Studies의 역점은 새로운 양식의 사회 속에서 경험과 현상을 분석하고 접합하는 것이다. 행동적인 오디언스, 저항의 표시로서의 독서, 반체제적인 텍스트, 유토피아적 요소, 그 밖의 강조가 하나의 새로운 시대를 나타낸다. 이 새로운 시대에서 개인은 더욱 행동적인 미디어 소비자로 교육받는다. 또한 개인은 문화 소재에 관해서도 지금까지와는 훨씬 광범위한 선택권을 부여받는다. 그리고 이러한 것은 지금까지보다도 훨씬 다양한 상품과 서비스의 소비 선택권을 동반한, 글로벌하고 트랜스내셔널한 새로운 자본주의에 대응하는 것이다. 이 체제에서는 다른 것과 차별성이 있는 것이 팔린다. 포스트모던의 이론에서 정착한 차이와 다양성과 이중성은, 소비자의 욕구와 니즈의 확대 위에 성립하는 새로운 사회질서에서 나타나는 차이성과 다양성이 여러 가지 분야에서 확대됨을 의미한다.[22]

---

22 Douglas,Kellner, "The Frankfurt School and British Cultural Studies: The Missed Articulation" in *Rethinking the Frankfurt School*, p.41.

4. 문화의 시대 - '문화산업'이 나아갈 방향

본 장에서는 '대중문화'의 산업화에 주목해 보고자 한다. '문화'와 '문화산업'에 대한 프랑크푸르트학파와 Cultural Studies의 역사적인 배경을 염두에 두면서, 현대사회의 복잡한 사회 상황을 인식하고, 앞으로의 사회 모습과 함께 '문화산업'의 이론을 생각하는 데 중점을 두었다.

서론에서 필자는 '한국과 일본이 선택한 대중적인 '문화산업'의 추진이라는 길은 과연 올바른 선택이라고 말할 수 있는가?'라는 의문을 제기하였다. 프랑크푸르트학파에 의하면, 양국의 선택은 틀린 것이다. 그들은 당시 사회, 정치 상황에서 '대중문화'가 독점적 정치권력의 도구로 사용될 때 지극히 위험에 빠질 수 있다는 것을 확인하였기에 '대중문화'의 산업화를 부정했다.

한편, 사회 전체 문화의 건전한 발전을 위해서는 프랑크푸르트학파가 강조해 온 고급문화만으로는 불충분하다. 전체 문화의 건전한 발전을 위해서는 각 사회계층이 저마다 문화를 가지는 것이 바람직하며 또한 그 문화는 공통의 영역으로 상호 연결되어야 한다. 이 점을 지적한 Cultural Studies의 입장에서 보면, 공통의 문화영역을 확대해 나가기 위해서도 '대중문화'를 대상으로 하는 '문화산업'은 바람직한 것이며, 한일 양국의 선택 또한 틀린 것은 아니라고 해석할 수 있다. 이렇듯 문화를 바라보는 두 학파의 생각은 정반대지만, 사회에서 지식인의 역할, 즉 '정치'의 중요성을 강조하는 점은 일치한다.

하지만 지금까지와는 달리, 경제성장과 교육의 광범위한 보급에 힘입어 '새로운 중산계층(New middle class)'의 확대가 이루어진 포스트모더니즘 사회에서 양국의 선택은 어떻게 평가되는가?

커다란 시장의 형성과 대량의 소비문화가 성립되는 토대를 이룬다는 경제적인 관점에서는 긍정적으로 평가된다. 그러나 코카콜라나 맥도날드와 같은 다국적기업, 그리고 할리우드의 세계 지배가 심화됨에 따라 글로벌 자본주의에 대한 비판으로 '문화 제국주의'의 문제가 지적된다. 이는 1970년대부터 80년대에 걸쳐서 왕성하게 논의된 내용으로, David. Hesmondhalgh(2002)는 다음과 같은 흥미로운 고찰을 논하였다.

> 남미의 텔레비전은, 비서구권 텔레비전이 할리우드의 텔레비전과 미국 복합기업의 지배를 받는다는 단순한 의견을 반박하기 위해 자주 등장하는 예이다. 그것은 또한 비주류 텔레비전 제작 국가가 어떻게 하면 국제적인 텔레비전 시장에서 보다 존재감을 주장할 수 있는지에 관한 모델로서도 인용된다. 1960년대 후반 이후 남미의 여러 국가, 특히 멕시코와 브라질에서 텔레비전 산업이 성장하였다. 1980년대와 1990년대 현저한 성장은 양국과, 베네수엘라, 그 밖에 남미 여러 국가를 텔레비전 프로그램 수출국으로 성장하게 하였다. 그것은 스페인어 문화권 마켓에 그치지 않고, 문화산업의 지리적 중심에 위치한 미국이나 영국과 같은 다른 여러 국가에도 영향을 주었다.[23]

특정의 강력한 문화(예를 들면, 미국의 대중문화)가 세계를 지배한다는 지금까지의 '문화 제국주의'론은, 남미 외에도 중국과 이랍, 인도와 같이 언어와 지역문화를 다른 나라와 공유하는 국가들이 존재하는 이상 반드시 옳은 것은 아니라고 Hesmondhalgh는 주장하였다. 즉, 정치적, 문화적 소국이라도 '언어 대국'이라면 '문화산업' 부문에서 전망을 크게 내다볼 수 있다는 것이다. 이것은 국제화가 지니는 의외의 측면이기도 하다.

그렇다면 한국, 일본과 같은 '언어 소국'의 국가들은 어떠할까? 1990

---

[23] David. Hesmondhalgh, *The Cultural*, p.181.

년대 후반부터 한국의 '대중문화'를 이해하는 키워드로 '한류'라는 말이 등장하였다. 이것은 중국에서 처음 등장한 말로, '한국 문화의 유행'이라는 의미를 나타낸다. 1996년에 한국의 텔레비전 드라마가 중국으로 수출되었고, 1998년에는 가요가 추가되어 중국과 베트남 등지에서 한국 대중문화 붐을 일으켰다.

　Hesmondhalgh(2002)는 '문화산업'이 다양한 오디언스를 확보하기 위해서는 항상 변화하려는 노력이 필요하며, 또한 그것을 지속해 나가는 것이 중요하다고 지적하였다. 하지만 '한류'와 같은 '콘텐츠'에만 의존한다면 경제 효과의 지속을 기대하기가 어려울지 모른다. 실제, '한류' 이전 1980년대에도 중국에는 '일본 문화의 유행'이라는 의미에서 만들어진 '일류'라는 말이 있었지만, 지금은 그다지 들리지 않는 말이 되었다. 마찬가지로 '한류'도 그저 한때 유행하는 현상일 수 있다.

　어쩌면 한국, 일본과 같은 '언어 소국'이 나아갈 방향으로는 '콘텐츠' 추구가 아닌, 제작 인프라를 구축하는 것이 더 적절할지 모른다. 예를 들면, 할리우드를 콘텐츠 제작 산업으로 보는 것이 아니라, 제작 인프라로서의 스튜디오 산업으로 보는 시점이 필요한 것은 아닐까? 영화와 드라마의 제작 초기 단계에서 완성 단계에 이르기까지 모든 작업이 가능한 세계적인 규모의 스튜디오를 설립하여, 자국의 콘텐츠 제작만이 아니라 타국의 콘텐츠 제작까지 가능하도록 활용한다면 큰 경제 효과를 기대할 수 있을 것이다. 그러기 위해서 국가는 외국의 콘텐츠 제작을 순조롭게 진행할 수 있는 면세 조치 등 스튜디오를 쉽게 이용할 수 있는 정책을 마련해야 한다. 더욱이 세계적인 규모의 스튜디오를 운영하는 데 필요한 인재 인프라를 구축하는 것이 중요하다. 즉, 자국과 타국의 콘텐츠를 만드는 데 필요한 전 분야의 인재를 교육·양성하는 것이다. 이처럼 포스트모더니즘 사회의 열쇠가 되는 것은 역시 교육이다.

한국의 영화진흥위원회는 1997년에 영화와 비디오, 애니메이션, 광고 등의 영상 제작 기능과 각종 스튜디오, 첨단 제작 장비를 갖춘 '서울종합촬영소'[24]를 설립하였다. 이것은 한국, 일본과 같은 '언어 소국'이 나아갈 바람직한 문화산업 정책의 길이라고 생각한다. 이에 추가하여 국내 제작에 한정하지 않고, 다른 나라의 영상 제작까지 가능한 기술 인프라와 인재 인프라를 구축하는 것이 언어 마이너리티 국가가 나아갈 방향이라 할 수 있다.

다양한 정치적 활동들이 그 목적을 이루지 못하는 것을 경험한 사람들이 정치에 관한 관심마저 저하되면서 포스트모더니즘이 생겨났다는 캘리니코스(2001)의 시점은, 소비문화가 만들어낸 '문화산업'의 산업으로서의 타당성을 전면적으로 평가한 것은 아니었다. 하지만 이 책에서는 그 결여된 정치성을 보충하는 것으로, 확대된 '새로운 중산계층'의 정치의식 가능성을 예로 들었다. 즉, 환경문제와 에이즈 문제, 세계의 빈곤층을 돕는 것을 목적으로 하는 국제적 단체 활동과 같이, 국내에서 그 면모가 사라져버린 지식인이 '남북문제'라는 글로벌한 형태로 다시 한번 등장해, 윌리엄즈가 말한 '좋은 공동사회'의 중핵이 될 것을 기대하였다. 케르너(2002)는 앞선 인용에서, 글로벌하고 트랜스내셔널한 새로운 자본주의에 대응하는 '차이'와 '다양성'을 위해, 개인은 더욱 행동적인 미디어 소비자가 되도록 교육받을 필요가 있다고 지적하였다. '행동적인 미디어 소비자'라는 것이 프랑크푸르트학파와 Cultural Studies가 정치의식의 담당자로서 기대한 '시민'이나 '지식인'과 같은 역할을

---

[24] 1991년 공사를 시작하여 1997년에 완성하였다. 투자액 650억 원, 대지 132만㎡, 건축 30만㎡ 규모의 종합 영상 지원 센터로서 영상물 제작과 영상 산업의 인프라 구축, 애니메이션 기술 지원 센터 운영 등을 위해 설립하였다.

해낼 수만 있다면, 그들이 중심이 되는 '문화산업'과 그러한 '문화산업'이 중심적 산업이 되는 사회는 바람직한 시민사회의 모습으로 성립될 수 있지 않을까?

 이상의 내용을 염두에 두고 다음 장에서는 실제로 '대중문화'의 산업화가 이루어진 사회적 배경을 '소비'라는 관점에서 새롭게 살펴보고자 한다.

제2장

대중문화와 소비사회

　　현대사회는 방대한 양의 물건을 상품화하여 세상에 출하하고 있다. 원재료, 토지, 노동, 기계 등과 같은 생산재와 다양한 산업으로부터 만들어진 소비재, 운송, 보관, 금융, 보험, 오락, 레저 등을 포함하는 서비스 제품, 그리고 지식, 정보, 문화와 같은 무형의 상품에 이르기까지, 모든 물건에 가격을 붙여 소비 상품으로 거래하고 있다. 이처럼 상품이 대량 유통되고 소비되는 사회구조의 변화에 수반하여, 현대사회의 모습을 정의하는 새로운 용어로 '소비사회'가 자주 사용된다. 그 기원에 대해서는 다양한 설이 있다. 예를 들면, 영국의 소비사회는 일반적으로 18세기 산업혁명을 기점으로 시작되었다고 보지만, 그 이전 시대부터 여러 기업이 설립되며 "경제와 사회적 여러 요인이 제조업과 상업에서 국민들 사이의 개인적인 접촉을 보다 적극적으로 촉진하였으며, 간단한 기술상의 개량으로 대량생산이 쉬워졌다."는 점에서 이미 16세기부터 소비사회가 진행되었다고 주장하는 사람도 있다. 한편, 미국의 소비사회는 소비재의 '풍요로움', 소비재에 대한 의존도가 높아지는 '소비자의 힘', 경기순환에 영향을 미치는 '소비자심리의 중요성' 등

의 특징이 눈에 띄기 시작한 1930-40년대 이후부터 시작되었다고 보기도 한다.(ジョージ・カトーナ,『大衆消費社会』, p.5.)

여기서 말하는 '소비사회'란, 의류, 가전제품, 가구 등 엄청난 양의 다양한 상품이 거리의 상점이나 백화점에 즐비하게 진열된, 대량생산 시대의 사회를 의미한다.

한편, 사람의 소비 행위도 최근에 시작된 것이 아니다. 소비 행위는 생산 행위와 함께 인간 생활을 영위할 때 반드시 필요한 사회적 행위로서, 인류 역사의 모든 시대에 존재해 왔다. 그럼에도 불구하고 일찍이 각 시대의 사회구조와 구별해서 현대사회를 '소비사회'라고 새로이 정의하는 것은 왜일까? 그것은 오늘날 소비 행위의 사회적 기능이 예전과는 많이 다르기 때문이다. 오늘날의 소비 행위는 인간이 배고픔을 해결하기 위해 식사를 하거나 신체의 노출을 가리기 위해서 의복을 입거나 잠을 자기 위해 주거 시설을 필요로 하는 등 '물리적인 근거에 바탕을 둔 필요'를 만족시키는 의미 그 이상이다. 즉, 고도 경제성장이 낳은 풍요로운 사회에서 생활하는 사람들이, 그 물건이 없다고 하더라도 반드시 일상생활에 곤란함을 느끼지 않는 '심리적인 근거에 바탕을 둔 욕망'을 충족시키는 것으로도 이해된다.(ジョン.ケネッス.ガルブレイス,『ゆたかな社会』.)

여유로운 생활과 풍족한 상품들로부터 생기는 '심리적인 근거에 바탕을 둔 욕망'은 이전 시대에도 지극히 일부 사람들 사이에서 존재하였지만, 그것이 대량생산 시대에 들어서면서 많은 사람의 라이프 스타일[1]에 영향을 미칠 정도로 대중화되었다는 것이다.

그렇다면 인간의 '심리적인 근거에 바탕을 둔 욕망'으로 인한 소비

---

1 "라이프 스타일이라는 말은, 원래 특권계층 집단의 독특한 생활양식을 나타내는 한정적, 사회학적 의미가 있지만, 현대 소비문화에서는 개성, 자기표현, 형식에 나타나는 자기의식을 암시하는 말이다." マイク・フェザーストン,『消費文化とポストモダニズム』, p21.

란 구체적으로 무엇을 의미하는 것인가? 또한, 그와 같은 인간의 욕망을 충족시키는 것으로 소비의 대상이 되는 상품이란 어떠한 것인가? 제2장에서는 이러한 문제를 염두에 두고, 오늘날의 '소비사회'를 이해하는 중심 이론으로 현대 프랑스 사회학자 장 보드리야르(Jean Baudrillard, 1929-2007)의 소비사회이론을 들고자 한다.

1. 소비기호론

마르크스는 "시민사회의 부는 언뜻 보기에는 거대한 상품의 집적이며, 개별 상품은 이러한 부의 성소적 존재임을 의미한다. 그러나 각각 사용가치와 교환가치라는 이중 관점으로 표현된다."[2]는 것을 명확히 지적하였다.

세탁기라는 것은 더러워진 의류를 세탁하는 편리한 기능을 지닌 도구로서, 손빨래하던 예전 시대와 비교하면 사람들을 가사 노동에서 해방하였다는 '사용가치'[3]가 있다. 더욱이, 세탁기는 그것을 필요로 하는 수요에 따라 대량으로 생산되어 시장에 나오는데, 그러한 의미에서 세탁기는 그것과 등가의 재화 혹은 다른 상품으로 거래되는 '교환가치'[4]

---

2 マルクス, 『経済学批判』, p.57.
3 "사용가치라는 것은, 상품에 있어서 필요한 전제 조건처럼 보이지만, 상품이라는 것은, 사용가치에 있어서는 아무래도 상관없는 규정처럼 보인다. 경제상의 형태 규정에 대하여 이처럼 아무래도 상관없는 사용가치, 즉 사용가치로서의 사용가치는, 경제학의 고찰 범위 밖에 있다. 그 범위에 들어가는 것은, 사용가치 자체로 형태 규정을 하는 경우뿐이다. 직접적으로 사용가치는 특정의 경제 관계, 즉 교환가치가 나타나는 소재적인 기초이다." マルクス, 『経済学批判』, p.58.
4 "교환가치는, 우선, 사용가치가 상호 교환되는 양적인 비율을 나타낸다. 이 비율에 있어서, 이러한 사용가치는 동일한 교환의 크기다. 그러기에 프로페르티우스의 시집 한 권과

를 가진다.

그러나 보드리야르는 마르크스 시대에 유효하였던 이 상품이론으로는 현대 소비사회에서 인간의 '심리적인 근거에 바탕을 둔 욕망'을 충족하는 상품가치를 명확하게 설명하기 어렵다고 보았다. 즉, 경제적인 관점에서 소비가 주체인 현대 소비사회에서는, 생산이 주체가 된 이전 시대에 유효하였던 '사용가치'와 '교환가치'의 이론을 가지고 상품을 분석하기란 무언가 불충분하다는 것이다. 보드리야르가 말하는 '생산에서 소비로의 시스템 변화'란 사회가 지금과 같이 생산자로서의 인간뿐만 아니라, 소비자로서의 인간도 필요하게 되었음을 의미한다. 공업화 사회 초기 단계에서 개인은 공장에서 부지런히 일하며 상품을 생산하는 측에 속하는 것만으로도 사회 구성원의 역할을 충분히 다하였다. 하지만 생산기술의 진화로 수많은 상품이 세상에 출하되자, 사회는 기존 생산 시스템을 유지하기 위해, 대량으로 생산된 상품을 소비하는 소비자로서의 대중이 필요하게 되었다.

보드리야르는 현대사회의 새로운 모습인 '소비사회'를 명확히 설명하기 위해서는, 기존의 생산 중심 사회에서 고려하던 상품의 '사용가치'와 '교환가치'의 결함을 보충하는 새로운 이론이 필요하다고 주장하며, 마르크스의 상품 분석의 한계를 뛰어넘기 위해서 소쉬르(Ferdinand de Saussure, 1857 - 1913)의 '기호론'을 경제학에 접목시켰다.[5] 기호학이란,

---

8온스의 담배는, 담배와 시라는 다른 사용가치임에도 불구하고 동일한 교환가치가 될 수 있다는 것이다. 교환가치 입장에서는 하나의 사용가치는 다른 사용가치에 대해서, 혹 양자가 정확한 비율이기만 하다면, 같은 가치이다." マルクス, 『経済学批判』, p.58.

[5] "보드리야르는, 기호가치이론을 배제한 정치경제학은, 어떻게 상품이 욕망과 매혹의 대상이 되는지, 또한 어떻게 특정 타입의 소비(예를 들면, 현시적 소비)가 나타나는지, 어떻게 특정 상품이 다른 상품보다 사랑을 받는지, 그리고 어떻게 소비가 현대 자본주의사회에서 그와 같이 중요한 기능을 맡게 되었는지를 설명할 수 없다고 믿고 있다." Douglas. Kellner, *JEAN BAUDRILLARD : From Marxism to Postmodernism and Beyond*, p.24.

예를 들면, 의미하는 대상(시니피앙)의 '강아지'라는 말은 의미를 받는 대상(시니피에)인 강아지라는 대상의 기호지만, '강아지'라는 기호에는 반드시 그것('강아지')이어야만 하는 어떤 필연성이 있는 것이 아니다. 단순히, '고양이'나 '호랑이'와 같이 다른 동물과 구별하기 위해서 붙여진 이름에 지나지 않는다. 기호학에서 중요한 것은, 강아지라는 동물과 '강아지'라는 말 사이에 성립하는 '지시 대상'과 '기호'의 관계가, 한국어를 사용하는 사회 구성원이 공유하는 사회적 소산으로서의 의미가 있다는 것이다.

보드리야르는 기호론에서 '기호'와 '지시 대상' 그리고 '사회적 의미'의 관계를 발전시켜, '지시 대상'인 강아지라는 동물이 한국 사회에서 '강아지'라는 이름으로 인식되는 것처럼, 소비사회에서도 사물이 상품이 되기 위해서는 '기호'[6]를 가진다고 하였다. 또한 그러한 사물과 기호는 '사회적 의미'라는 관계로 연결된다고 하였다. 상품이 되기 위해 지녀야 하는 '기호'란, 같은 패러다임에 속하는 A군의 다수 상품을 A1, A2, A3 등과 같이 구별하는 '차이'를 의미한다. 즉, '소비사회'에서 세탁기가 '상품'이 되기 위해서는, 손빨래의 노동으로부터 사람들을 자유롭게 하는 기능에서 나아가, 소비자가 나른 것이 아닌 ㄱ 세탁기를 가지고 싶은 이유, 차별화된 '기호'가 있어야 한다는 것이다.

보드리야르는 상품이론으로 사람들이 사물을 소유하는 이유를 설명하였다. 사람들이 사물을 소유하려 할 때, 1차적 의미인 '사용가치'만으로 만족하지 않고, 다른 동종의 사물과 구별되는 특별한 '차이=기호'를 찾는다는 것이다. 그 사물을 소유함으로써 다른 사람과의 관계에서 자

---

6 "기호란 차이를 표시하는 것이며, 관계를 나타내는 개념으로, 물건이 기호가 되었다는 것은, 그로써 물건이 가지는 유용성 및 기능과 인간의 관계가 아니라, 물건이 매개하는 사람과 사람의 관계를 문제화하고 있는 것이다." 三谷真, 『関西大学商学論集』, p.103.

신만의 차이를 드러내야 한다. 그리고 사람들이 타인과의 차이를 추구하려는 것은 사회관계에서 자신의 '사회적 지위'와 '위신'[7]이 높음을 과시하고 싶어 하기 때문이라는 것이다.

    보드리야르에 의하면, 특히 중산계급은 소비를 통해서 공적 인식과 정통성을 획득할 것을 강요받는다. 왜냐하면 그들의 문화적, 정치적, 직업적 생활 속에 위신이 결여되었기 때문이다. 그러나 이러한 사실은, 상품과 소비를 통해서 얻는 위신을 애매하게 만든다. 왜냐하면 사회적 승진의 기호로 획득한 그들의 승리 뒤에서 그들은 조용히 사회적 패배를 선언(또는 생각)한 것이기 때문이다.[8]

상품을 소비함에 따라 획득된다고 여겨지는 '위신'에 대해서 케르너는, 사람들은 '문화적, 정치적, 직업적 생활 속에 위신이 결여되었다'고 생각하기에 그것을 보충하기 위해 '소비를 통해서 공적 인식과 정통성을 획득할 것을 강요받는다'고 해석한다. 즉, 소비를 통한 '위신'의 추구는 '강요받는' 것으로, 바꾸어 말하면, 구조적으로 유도된 과정이라는 것이다. 본 연구에서 다루는 '위신'의 개념도 케르너의 해석과 일치함을 명시해 둔다.

---

[7] 소비사회에서 '위신'의 기능에 대해서, 케르너는 다음과 같이 서술하였다. "보드리야르의 논의는, 베블렌이 『유한계급의 이론』에서 분석한 '현시적 소비'와 과시가 소비사회에서 모든 사람에게 일반화되었다는 것이다. 베블렌은 '현시적 소비'를 지출, 과시, 스타일과 취미, 부의 사회적 힘 확립과 연결짓는다. 그와 같은 과시는, 베블렌의 저서에서는 상층계급의 사람들에게 제한되어 있었지만, 보드리야르는 전 사회가 상품의 소비와 과시(그 것을 통해서 개인은 위신과 아이덴티티, 스테이터스를 획득한다)를 축으로 조직되었다고 본다. 이 체계에서는 자신이 소유한 상품(집, 자동차, 옷 등)이 위세가 있는 것일수록, 기호가치의 영역에서 자신의 처지가 보다 높아진다. 이처럼 말이, 언어의 차이 체계의 위치에 따라서 의미를 띠는 것과 마찬가지로, 기호가치는, 위신과 스테이터스의 차이 체계의 위치에 따라서 의미를 띤다." Douglas. Kellner, *JEAN BAUDRILLARD : From Marxism to Postmodernism and Beyond*, p.21.

[8] Douglas. Kellner, *JEAN BAUDRILLARD : From Marxism to Postmodernism and Beyond*, p.26.

본 연구에서는, 보드리야르가 현대 소비사회[9]를 이해하고 분석하면서 왜 '상품의 기호화'라는 특징을 보충하자고 제안하였는지, 그가 말하는 상품의 '기호가치'란 구체적으로 무엇을 의미하는지, 상품과 기호 사이에서 발생하는 관계가 사회적 '위신'을 나타낸다는 것은 무엇을 의미하는지 등의 질문을 둘러싸고, 보드리야르의 논리 전개를 보다 명확하게 이해하고자 한다. 이론의 중심축으로는, 그의 초기 작품[10]에서 보이는 소비사회이론을 바탕으로 '기호'와 '차이'라는 키워드에서 읽을 수 있는 '소비사회' 속의 상품과 그것을 소유하는 사람들과의 사회적 관계에 주목하였다. 주요 내용으로는, 소비의 기능이 변하는 사회적 배경으로서 '생산 중심에서 소비 중심의 사회로'라는 사회시스템의 변화를 고찰하였다. 더불어, '상품의 기호화'가 이루어지는 소비사회에서 상품에 대한 인식 변화를 사회, 경제적 배경과 관련하여 더 상세하게 서술해 나가고자 한다.[11]

이러한 점을 염두에 두고, 다음 장에서는 소비의 사회적 기능의 변화에 주목하여, 그 사회적 배경을 '생산'과 '소비'라는 두 가지 키워드로 접근하고자 한다.

---

9 "보드리야르가 생각하는 소비사회는 낭비하는 사회 혹은 갤브레이스가 말하는 풍요로운 사회가 아니다. 소비사회에서 물건은 호모 이코노믹스의 사적인 사용가치에 의해 제공된 것이 아니라 '소비=기호 조작'의 기구에 포함되며, 그러한 자신의 역할을 다하는 것이다." 間宮陽介, 『季刊現代思想』, p.156.

10 『物の体系』(1968), 『消費社会の神話と構造』(1970), 『記号の経済学批判』(1972)의 3권으로 대표되는 기호론적 사회 분석의 시기이다.

11 "이러한 입장에서 생각하면, 역사와 정치, 경제, 혹은 임의로 만들어진 사회현상은, 현대 자본주의사회 이론 속에서 문화와 상품화가 행하는 역할을 파악하지 않고서는 정확히 이해할 수 없다." Douglas, Kellner, *JEAN BAUDRILLARD: From Marxism to Postmodernism and Beyond*, p.8.

2. 생산 중심 사회에서 소비 중심 사회로

'탈공업화사회' 혹은 '지식 기반 사회'와 같이 현대사회의 모습을 정의하는 용어는, 과학적 정의와 달리, 반드시 명확히 맞아떨어지는 표현이라고 할 수 없다. 두 용어 모두 농림어업 및 제조업 등의 전통적 산업에서 운송과 보관, 통신, 금융, 보험, 그 밖의 서비스산업으로 산업의 중심이 이동하는 사회를 의미함에는 틀림이 없다. 하지만 그렇다고 해서, 사회가 지금까지 추진해 온 1차 산업과 2차 산업을 모두 포기하고 3차 산업으로 이동한다는 것은 아니다. 다만 사회의 변화와 더불어 각각의 산업에 대한 중요도가 조금씩 바뀌는 것을 의미한다.

예를 들면, 한국에서는 1992년 대통령 선거 후보자의 공약에도 반영되었듯이, '문화산업'에 대한 사회 인식이 확연히 바뀌었다. 종래의 영화와 영상, 그리고 디자인 사업은 서비스산업에서 제조 산업으로 분류되어 금융과 세제 지원을 받게 되었다. 그 후, 1999년에는 문화산업을 21세기형 국가 전략산업으로 육성하기 위해 '문화산업진흥법'을 제정하였다. 2000년도에는 영화, 애니메이션, 게임, CD, 방송의 5대 문화산업 육성책을 발표하고, 2001년에는 정보 기술, 바이오 기술, 나노 기술, 환경 기술, 문화 기술의 5대 산업을 차세대 성장산업으로 육성하기 위해 2005년까지 5년간 예산 10조 원을 투입하기로 하였다. 한국 정부는 '문화산업'을 국가의 중요 정책으로 꾸준히 추진하였다. 이것은 '문화산업'이 한국 사회에 미치는 커다란 경제 효과를 고려한 결과이다. 물론 한국이 '문화산업' 이외의 다른 모든 산업을 포기한다는 것은 아니다. 단지 급속하게 변화하는 경제, 사회, 문화적 움직임 속에서, '문화산업'의 산업으로서의 역할이 이전보다 두드러졌음을 의미한다.

'소비사회'에 대해서도 같은 맥락에서 생각해 볼 수 있다. 존 K. 갤브레이스(Galbraith, Jhon Kenneth, 1908-2006)가 말했듯이, 여전히 '생산은 우리들의 생활에서 가장 중요한 목표'이며, '생산을 우리의 성과의 척도로 생각한다'는 것에는 예나 지금이나 변함이 없다.(ジョン・ケネッス・ガルブレイス, 『ゆたかな社会』, p.124)

현대사회가 '소비사회'로 이름 붙여진 것은, 이전 사회와 비교해서 소비의 기능과 역할이 명확히 변하였기 때문이다. '소비'에 비해서 '생산'이 중요하지 않다는 뜻이 아니다. '생산'이 사회의 토대라고 여겨 왔던 시대에서, '소비'라는 사회적 행위의 중요성이 전면에 나서게 되어 서서히 후자의 이미지가 강하게 인식되었다는 것으로, 실제는 양자가 공존하는 사회를 의미한다.[12] 이러한 점을 보드리야르는 다음과 같이 서술하였다.

> 우리 사회가 다른 무엇보다도 우선적으로, 객관적, 궁극적으로 생산 사회, 생산 질서, 즉 정치적, 경제적 전략 장소라는 것이 아니다. 그러한 것이 아니라, 기호 조작의 질서인 소비 질서가 생산 질서와 서로 섞여 있다는 의미이다.[13]

그러면, 소비사회에서 사회적 기능과 역할이 바뀐 소비란 무엇을 의미하는가? 생산이 능동적, 집단적 기능인 데 비해, 소비는 수동적, 개인적 기능으로 간주하는 경향이 있지만, 소비사회에서의 소비는 명확

---

[12] "사회 전체로 본다면, 우리는 교묘하게 생산만 할 뿐 그것을 능숙하게 그리고 풍요롭게 소비하는 방법을 모르는 것이 아닐까? 그것을 가능하게 하는 것은 그 성립 근거를 따지지 않는 유토피아가 아니다. 그것은 새로운 생산관계의 형성을 계기로 달성되는 것으로, 그러한 의미에서 새로운 소비문화의 창조가 요구된다고 말할 수 있다. 바꾸어 말하면, 생산과 소비의 차이를 극복하여, 생활을 생산의 한 수단으로 여기는 것이 아니라, 생산과 소비의 새로운 통일체로 여긴다고 말할 수 있다." 安田尚, 『社会学研究』, p.367.
[13] ジャン・ボードリヤール, 『消費社会の神話と構造』, p.23.

히 다르다고 보드리야르는 서술하였다.

> 소비는 향수(享受)의 기능이 아니라 생산의 기능이며, 게다가 물건의 생산과 같이 개인적인 것이 아니라 직접적이고 전면적이며 집단적인 기능이라고 하는 것이 소비에 대한 정확한 견해이다. 전통적 견해를 이렇게 뒤집어 생각하지 않고서는 어떠한 이론적 분석도 불가능하며, 어떠한 방법으로 이 문제를 다룬다고 하더라도 반드시 향수(享受)의 현상학적 관점으로 되돌아가게 될 것이다.[14]

"향수(享受)의 기능"은 개인이 어떤 물건을 받아들여 자신의 물건으로 삼아 즐기는 것을 의미하지만, 소비사회에서는 개인적인 행위에 머무르는 것이 아니라 사회를 원활하게 움직이는 톱니바퀴 조직의 하나로, 오히려 "생산의 기능"이라고 볼 수 있다. 다양한 물건을 대량으로 생산하여 시장에 출하하지만 구매자를 찾지 못하여 반품되는 과정이 반복된다면, 공장의 생산은 중지되고 공장에서 일하던 사람들도 하나 둘 실업자가 되면서 사회는 혼란에 빠지고 말 것이다. 이러한 사회경제의 악순환을 방지하기 위해, 소비사회에서는 물건을 만드는 측이 "생산의 기능"을 담당할 뿐만 아니라, 그 물건을 구매하는 측도 마찬가지로 그 기능의 중요한 부분을 담당하게 된다. 즉, '소비'도 "생산의 기능"으로 이해해야 한다는 것이다. 생산과 소비는 안정적인 사회경제 활동을 유지하는 요소로서 "집단적인 기능"을 가지며, 이러한 기능은 사회시스템 속에서 서로 연결되기 때문이다.

현재 이루어지고 있는 체계적이고 조직적인 소비에 대한 훈련이, 실은 19세기를 통해서 이루어진 농촌인구의 산업 노동을 향한 대단위 훈련의

---

14 ジャン・ボードリヤール, 『消費社会の神話と構造』, p.96.

20세기 버전인 등가물이며, 연장선상에 지나지 않는다는 사실을 알지 못한다. 생산 부문에서 19세기에 발생한 생산력의 합리화 과정이 20세기에 들어서는 소비 부문의 도달점이 되었다. 노동력으로 대중을 사회화한 산업 시스템은 더욱더 전진하여 완성해가야 했으며, 그 소비력으로 그들을 사회화(컨트롤)했다.[15]

산업혁명 이후의 산업구조는 작은 가내수공업 환경에서, 기계 설비의 투입을 통해 자본주의적 대공장으로 변화하였다. 사회를 구성하는 개인은 공장을 움직이는 동력의 하나로서, 또 생산자로서 새로운 사회로 유도되었다. 그 후, 생산의 규모가 커짐에 따라 시장에는 물건이 대량으로 쏟아져 나왔다. 이처럼 새로운 시대는 지극히 일부 사람들만이 어떤 특정한 상품을 가질 수 있었던 시대와 비교할 때, 다수 사람들이 상품을 손에 넣을 수 있게 되면서 상품으로부터 사람들을 해방시켰다고 말할 수 있다. 하지만 실은 생산을 유지하기 위해서, '적극적으로 상품과 마주하는 소비자'라는 새로운 생산적 임무를 개인에게 부여한 셈이다. 바꾸어 말하면, 19세기 '생산자'의 경우나 20세기 '소비자'의 경우나 모두 사회시스템이 그 질서를 유지하기 위해서 지속적으로 개인을 훈련시켜 온 결과물이라고 말할 수 있다.

> 시스템은 노동자로서의(임금노동), 또 절약가(세금과 채무에 의한)로서의 인간을 필요로 하지만, 최근에는 그 외에 소비자로서의 인간을 더욱더 필요로 하고 있다. 노동생산성은 기술과 조직에 더 의존하고, 투자도 기업 자체에 더 의존한다. (중략) 지금 필요로 하며, 또 실제 소중한 개인이란 소비자로서의 개인, 바로 그것이다.[16]

---

15 ジャン・ボードリヤール, 『消費社会の神話と構造』, p.102.
16 위의 책, p.105.

실제, '생산' 중심 사회에서 '소비' 중심 사회로의 이동은, '생산자'에서 '소비자'로의 이동을 의미한다. "노동생산성"의 효율이 "기술과 조직"에 의존하는 것처럼, 또한 '투자' 심리가 '기업 자체'에 의존하는 것처럼, 시스템이 "소비자로서의 개인"을 만들어 내기 위해서는, 사람들이 어떤 물건을 보고, 사고 싶다는 마음이 들도록 하는, 즉 그 물건이 팔리게 하는 특별한 기능이 필수 조건이다. '소비의 사회화'가 그것에 해당한다고 볼 수 있는데, 그렇다면 그것은 어떠한 것인가?

> 욕구는, 그것이 무엇이든, 이미 더 이상 자연주의적 관념론적 정립이 말하는 태생의 천부적인 힘, 자발적 욕망, 인간학적 잠재력이 아니라, 시스템의 내재적 논리에 의해서 여러 개인의 내부에 유도된 기능이다. 더 정확하게 말하자면, 욕구는 풍요로운 사회에 의해 '해방된' 소비력이 아니라, 시스템 자체의 기능, 시스템의 재생산과 연명의 과정이 요구하는 생산력이다. 바꾸어 말하면, 욕구가 존재하는 것은, 단지 그것이 시스템에 필요하다는 이유 때문이다.[17]

어떤 상품을 원하는 마음, 욕구는 개인적이어야 하는데, 암묵적 동의로 사람들이 어떤 상품을 원한다고 생각하게끔 하는 시스템의 보이지 않는 통제가 작용한다는 것이 보드리야르의 관찰이다. 그것은, 신체를 가리기 위해 의복을 사는 것처럼 "물리적인 근거에 바탕을 둔 필요"와는 전혀 별개의 것이다. 예를 들면, 패션 잡지나 파리 컬렉션에서 올해의 춘하추동에는 이러한 색상과 디자인의 옷이 유행한다는 메시지를 발신하면, 패션 감각이 뛰어난 사람처럼 보이고자 다른 사람들보다 빠르게 새로운 옷을 구매하는 사람이 있다. 게다가 입을 옷이 충분하지만 올해 유행에 자기 혼자 뒤처지는 것이 싫어 새로운 옷을 사는

---

17 ジャン・ボードリヤール, 『記号の経済学批判』, p.83.

사람도 있다. 이러한 욕망이 갤브레이스가 말하는 "심리적인 근거에 바탕을 둔 욕망"이라고 볼 수 있다. 이 부분에 대해서는 다음 장에서 상세하게 서술하고자 한다.

> 그러므로 진정한 명제는 '욕구는 생산의 산물'이 아니라, '욕구 시스템은 생산 시스템의 산물'이라고 보는 것이 맞다. 이 두 가지 표현은 전혀 별개의 것이다. 욕구 시스템이란, 욕구가 상품에 대해서 개별적으로 생겨나지 않고, 소비력으로서 생산력의 더 일반적인 틀 속에서 전면적 처분의 힘으로 생산되는 현상이다. 전문 기술 관리 계급은 이러한 의미에서 자기 지배력의 확대가 가능하다. 생산의 질서는 자체적 이익을 위해서 향수(享受)의 질서(정확하게 말하면 이 말은 아래에서 서술하는 의미로 옳지 않다)를 '가로채기'하는 것이 아니라, 향수(享受)의 질서를 부정하여, 모든 것을 생산력의 시스템으로 재조직함으로써 이를 대신한다.[18]

사람들의 기본적 욕구를 만족시키는 과정이, 동시에 사람들이 신상품을 원한다고 생각하는 욕망을 만들어 내는 과정이기도 하다는 말과 같이, '욕망'과 '욕망을 만족시키는 과정'의 상호 관계를 갤브레이스는 '의존효과'[19]라고 부른다. 보드리야르가 앞서 서술한 것도 이와 마찬가지다. '소비사회'에서 소비자가 물건을 사는 행위, 즉 개개인의 욕망이란 사람들의 기본적 욕구라기보다는, 오히려 "생산 시스템의 산물"로

---

18 ジャン・ボードリヤール, 『消費社会の神話と構造』, p.90.
19 "사회가 유복해지면, 욕망을 만족시키는 과정과 함께 욕망을 만들어 가는 정도가 점차 커진다. 이것이 수동적으로 이루어지는 때도 있다. 즉, 생산의 증대에 대응하는 소비의 증대는, 시사와 허영을 통해서 욕망을 만들어 내도록 작용한다. 혹은, 생산자가 선전과 판매 기술에 의해서 욕망을 만들어 내기도 한다. 이처럼 욕망은 생산에 의존한다. 전문적인 용어로 표현한다면, 전반에 걸쳐 생산수준이 낮은 경우보다도 높은 경우에 복지[행복의 정도]가 더욱 크다는 가정은 이미 타당하지 않다. 어떠한 경우라도 같은 결과일지 모른다. 높은 수준의 생산은, 단지 욕망 창출 수준이 높고, 욕망 충족 정도가 높은 것을 의미한다. 욕망은 욕망을 만족하게 하는 과정에 의존한다는 것에 대해서는 앞으로도 언급할 기회가 많이 있을 것이라고 보기에, 그것을 의존효과(Dependence Effect)라고 부르고자 한다." ジョン. ケネッス. ガルブレイス, 『ゆたかな社会』, pp.144-145.

컨트롤되어진 2차적 욕구라는 것이다.

게다가 이와 같은 '생산에서 소비로'라는 사회시스템의 변화를 '노동에서 비노동'으로의 변화와 같이 바꾸어 생각할 수도 있다. 소비시대의 시작은, 바꾸어 말하면, "노동 때문에 강제된 사회화, 생산 여력의 집약적인 동원이라는 자본주의 고유의 단계는 지나버린"[20] 시대라고 말할 수 있다.

> 여가는, 통상적인 의미로서의 자유 시간의 향수(享受) 및 기능상 휴식이라는 여가에 대한 욕구와 함수관계가 아니다. 여가는 여러 활동에 투입되지만, 오직 이러한 활동이 경제적 필요로부터 나올 때만 그러하다. 여가의 정의는 비생산적인 시간의 소비이다. 하지만 이것은 수동성과는 일절 관계가 없다. 그것은 적극적인 활동 중 하나이며, 의무적인 사회적 급부이다. 이 경우 시간은 '자유'가 아니라, 희생이고 낭비이다. 그것은 가치의 생산이자 지위 생산의 순간인데, 사회적 개인은 이러한 의무에서 벗어날 '자유'가 없다.[21]

'생산'이 중심이 된 시대에서, '여가'와 같이 일하지 않는 시간은 "비생산적인 시간의 소비"로서 부정적으로 평가되는 경향이 있지만, 풍요로운 사회인 '소비사회'에서는 "지금 시스템은 이미 전원의 생산성을 필요로 하지 않고, 시스템이 필요로 하는 것은, 누구나가 놀이를 즐기는 것이다."[22] 상품과 소비 관계에 따라, 오락, 휴양, 관광 등의 서비스 관련 산업에서 일하는 사람이 있는가 하면, 그 생산 시스템을 유지하기 위해, 손님으로 방문하는 사람도 있다. 이미 노동으로부터 해방된

---

20 ジャン・ボードリヤール, 『生涯の鏡』, p.122.
21 ジャン・ボードリヤール, 『記号の経済学批判』, pp.74-75.
22 ジャン・ボードリヤール, 『生涯の鏡』, p.123.

사람이 자유로이 사용할 '여가'도 시스템에 의해 제어된다. "열심히 일한 당신, (여행을) 떠나라"[23]와 같은 광고의 캐치프레이즈에서 전하는 메시지와 같이, 여행이라는 자유 시간을 만끽할 수 있는 것도 열심히 일한 사람에 한하는 특권인 것처럼, 여가도 사회적 가치와 지위를 생산해 내는 것으로 재인식되었다.

> 경제적으로는 비생산적인 이러한 시간은 차이 표시적 혹은 지위 표시적 가치, 위신 가치를 만들어 내는 생산적 시간이다. 아무것도 하지 않는 (또는 생산적인 것은 아무것도 하지 않는) 것도 이러한 의미에서는 특수한 활동이다. 가치(기호 등도 포함해서)를 생산하는 것은 일종의 의무가 된 사회적 부역이며, 비록 수동성이 여가의 현시적 언설이라고 하더라도 결코 수동적인 것은 아니다. 사실, 여가는 '자유' 시간이 아니라 지출된 시간이며, 결코 헛된 시간이 아니다. 이렇게 말할 수 있는 것은, 이 시간 또한 사회적 의미에서 개인에게는 지위를 생산하는 시간이기 때문이다.[24]

이처럼, 상품과 시간의 '소비'는, 현대사회를 읽을 수 있는 중요한 키워드로 '차이'를 나타낸다. '가치의 생산'과 '지위의 생산'을 통해서 다른 사람과 자신을 차별화하는 것이다.

이상의 내용을 염두에 두고, 다음 장에서는 상품의 2차석 기능인 '기호=차이'화에 대해서 구체적으로 서술하고자 한다.

---

23 2002년도 방영된 현대카드회사의 광고 문구를 참조.
24 ジャン・ボードリヤール, 『消費社会の神話と構造』, p.236.

3. 기호

일반적으로 상품이란 시장에 등장한, 매매의 대상이 되는 유형 혹은 무형의 재화이지만, 공급자와 수요자의 사이에서 상품의 거래가 이루어지려면 상품은 그에 따른 가치를 지녀야 한다. 이와 같은 상품의 분석에 대해서 마르크스는, 상품에는 '사용가치'와 '교환가치'라는 이중 가치가 있다고 지적하였다. 예를 들면, 세탁기는 세탁물을 빨래하는 도구로서, 자동차는 이동 수단으로서 저마다 '사용가치'가 있는 동시에, 시장의 수요와 공급의 법칙에 의해서 가격이 붙어 거래되는 '교환가치'가 있다.

그러나 보드리야르는 현대 소비사회의 다양한 상품을, 마르크스시대에 유효하였던 상품분석이론의 틀에 맞추어 설명하는 데에는 한계가 있다고 지적하였다. 그것을 보충하기 위하여 새로운 상품분석이론을, "현대적인 물건의 '진정한 모습'은 무엇에 도움이 되는 것이 아니라 어떠한 의미가 있는 것으로, 도구로서가 아니라 기호로서 조작된다."[25]는 관점에서 전개하였다.

> 경제적 생산 부문에서 오래전부터 진실이라고 인정해 왔던 사실, 즉 사용가치는 어디에도 존재하지 않고 곳곳에 교환가치의 결정적 논리가 나타난다는 사실은, 오늘날에도 '소비'와 문화 시스템 일반 영역의 진리로서 승인된다. 바꾸어 말하면, 어떠한 물건이라도, 예술적, 지적, 과학적 생산 및 혁신과 위반조차도, 직접 기호로서 그리고 교환가치(기호의 관계적 가치)로서 생산된다. '욕구', 소비 행동, 문화 행동이 회수되는 것뿐만 아니라, 생산의 모든 힘이 계통적으로 유도되어 생산될 때 비로소 이 추상화와 경향적 체계화에 바탕을 둔 소비의 구조 분석이 가능해진다. 그것

---

25 ジャン・ボードリヤール, 『消費社会の神話と構造』, p.167.

은 기호의 생산과 일반 교환의 사회적 논리 분석을 근거로 해야 가능하다.[26]

소비사회 이전에도, 더러워진 세탁물을 세탁하는 도구로서의 세탁기, 시간 절약과 편리함을 내세우는 자동차가 지니는 '사용가치'는 기본적으로 물건이 지니는 존재 가치이다. 하지만 이 물건이 시장에 등장하여 상품이 된다는 것은, 공급자와 그것을 원하는 수요자의 사이에서 발생하는 '교환가치'가 전면에 드러났다는 것이다. 게다가, 이 경우의 '교환가치'는 경제학에서 '등가교환'의 의미를 넘어 '기호'라는 새로운 상품 가치도 포함한다는 것이 보드리야르의 주장이다. 그렇다면 그가 제안하는 '기호'로서 조작되는 상품이란 구체적으로 무엇을 의미하는 것인가? 그것은 1대 1 단독으로 대응하는 '상징'과는 다른 기호성을 지닌다.[27]

> 소비하는 사물이 되기 위해서는, 사물은 기호가 되어야 한다. 즉, 의미 작용만을 하는 관계에 대해서는 어떠한 방법으로든 외적이어야 하며, 그러기 위해서는 구체적인 관계에 대해 자의적이며 정합적이어야 한다. 그러나 이 기호는, 정합성을 도입하여, 그로 인해 다른 모든 기호로서의 사물에 대한 추상적이고 체계적인 관계 속에서, 그 의미를 도입한다. 사물은 기호가 됨에 따라 '인간화'하여, 시리즈에 들어가는 변화를 한다. 그것은 그 물질성뿐만 아니라, 차이에서도 소비된다.[28]

26 ジャン・ボードリヤール, 『記号の経済学批判』, p.89.
27 "상징으로서 물건은 결코 소비의 대상이 될 수 없다. 물건이 차이의 기호로서 자립화하여 가치의 체계적인 코드를 형성하게 될 때 비로소 소비의 대상이 된다. 물건이 기호로서 코드화되어 조작 가능한 대상으로 전환함으로써, 소비적 실천이 사회 여러 관계를 생산, 조직, 조작하는 사회적 실천이 된다." 斉藤日出治, 『経済評論』, p.110.
28 ジャン・ボードリヤール, 『物の体系』, pp246-247.

사람들이 세탁기나 자동차와 같은 물건을 소비하는 목적은 그 본래의 기능 때문이 아니라, 현대 생활에서 갖춰야 한다고 생각하는 일상생활용품 중 하나이기 때문이다. 또한 거기에는 다른 세탁기나 자동차와 비교해서 차별화된 디자인이나 기능 등, 사물의 본질과는 다른 '외적'인 요소가 있다. 사물이 '그 물질성에 의해서가 아니라, 차이에 의해서 소비된다'는 의미이다. 사람들이 사물을 구매하는 행위는, 본래의 사물 그 자체를 손에 넣는 것이 아니라, 다른 사람 및 다른 사물과의 '차이'를 나타내는 '기호'를 사는 것이다. 그 사물과 그것이 상품이 되기 위해서 요구되는 '기호=외적'인 성질의 관계는, 세탁기와 자동차를 만들 때 필요한 최소한의 설계와 같이 '정합적'이 아니라, '자의적'인 연결로 이루어진다. 그럼에도 불구하고 각각의 사물이 형성하는 사회는 '정합적' 체계를 만든다. 이것이 보드리야르의 새로운 상품분석이론이며, 마르크스와 구별되는 점이다.

> 기능적이고 현대적인 사물과 오래된 '장식품'의 애매한 공존이 나타내는 것은, 경제 발달, 산업 생산, 환경의 실제 정비가 어느 정도 단계에 도달한 바로 그 시점부터이다. 혜택을 받지 못한 사회계층의 사람들(농민, 노동자)과 '미개인'은 오래된 사물을 필요로 하지 않고, 기능적인 사물을 갈망한다. 이 두 가지 행위에는 어떠한 필연적인 관계가 존재한다. '미개인'이, 단순히 그것이 '서구의' 사물이라는 이유만으로, 손목시계와 만년필에 마음이 끌린다고 하였을 때, 우리는 일종의 희극적인 불합리를 느낀다. 미개인은 사물에 의미를 부여하지 않고 탐욕적으로 그것을 자신의 소유로 한다. 그것은 소아적인 관계이며 힘의 환상이다. 사물에는 이미 기능이 아닌 하나의 힘이 있다. 사물은 하나의 기호이다.[29]

사람이 '차이' 나는 사물을 소유하는 것은, 그 사람의 경제적 수준과

---

29 ジャン・ボードリヤール, 『物の体系』, p.99.

밀접한 관련이 있다. 혜택을 받지 못하는 사회계층의 사람들은 기본적인 의식주 문제를 해결하는 것이 우선순위이며, 전기세와 가스 요금을 지급할 능력이 없는 사람들에게 세탁기와 자동차는 무용지물이다. 하지만 경제성장과 더불어 사람들의 생활에 여유가 생기자, 사람들이 갈망하는 대상은 일상생활을 영위하는 데 필요한 기본적인 사물에서 편리성을 중시하는 "기능적이고 현대적인 사물"로 바뀌었다. 게다가 경제적인 부가 가져온 탐욕의 상징으로서 '오래된 장식품'으로 변해간다. 즉, 소비사회에서 상품의 역할은, 실용적인 기능성보다 '오래된 장식품'과 같은 표상적인 '기호'로서의 역할이다.

> '기능적'이라는 말은, 어떤 목적에 적합한 것을 형용하는 것이 아니라, 어떤 질서나 체계에 적합한 것을 형용한다. 기능성이란 한 집합체에 통일되는 능력이다. 사물에서 그것은 그 '기능'을 뛰어넘어, 제2차 기능으로 향하는 것, 기호의 보편적인 체계 속에서 운동, 결합, 계산의 요소가 되는 가능성이다.[30]

소비사회 이전 사회에서 "기능적"이라는 것은, 노출을 감추기 위한 의복, 굶주림을 해결하기 위한 식사, 휴식을 취하기 위한 주거 공간과 같이, 사물의 본래 '사용가치' 측면에서 설명되었다. 하지만 사회 변화에 맞추어 그 의미도 변하였다. 현대 소비사회에서 의식주에 해당하는 사물은 사회의 문화적 질서, 즉 생활 방식에서 '차이 표시'의 체계를 나타내는 '제2차적 기능'으로 의미가 확장되었다고 보드리야르는 말한다.

> 사물이나 기호는 이미 증여된 것도 아니고, 교환되는 것도 아니다. 그것은 각각의 주체에 의하여 기호, 즉 코드화된 차이로서 소유되고, 유지

---

[30] ジャン・ボードリヤール, 『物の体系』, p.76.

되고, 조작된다. 그것이야말로 소비물이며, 그것은 항상 철폐되고, 물질화되어 코드 속에서 '기호 내용'화된 사회관계이다.[31]

여기서 상품은 사회적 차이의 표시이므로, 증여된다든지 교환한다든지 할 수 없다. 보드리야르가 생각하는 상품은 시장에서 매매 대상이 되는 유형, 무형의 재화가 아니라, "코드화된 차이로서 소유되고, 유지되고, 조작된다"는 것이다.

> (기호로서) 사물의 신분은 (합리적, 실용적인) 객관적 기능과 대립한다. 이 구별은, 기호로서의 교환가치와 사용가치의 구별과 일치한다. 문화의 사회적 논리는 원래 그 근원적인 분리 속에서 기재되는 것이다. 그리고 우리가 소비의 일반이론의 원근법 속에서 만들고자 하는 것은, 바로 이 '사물=기호'의 사회이론이다.[32]

"사물의 신분"이라는 표현은 주목할 만하다. 이 표현은 상품의 성질이 크게 변화한 것을 시사한다. 앞 장에서 살펴보았듯이, 소비사회에서 물건의 개념을 새롭게 조정한 것은 생산 중심에서 소비 중심으로, 사회경제 구조가 이전 시대와는 다르게 바뀌었기 때문이다. 기계화된 산업구조는 대량생산을 가능하게 하였지만, 넘쳐나는 시장의 사물 소비에는 한계가 있었다. 이에, 생산자 측은 사회시스템을 유지하기 위해서 지속적인 소비가 필요했기에, 소비자가 새로운 사물을 사도록 '차이' 있는 사물을 만들게 되었다. 보드리야르의 주장처럼 소비사회에서 사물이 상품이 되기 위해서 '기호=차이'화 되는 것은 사회시스템이 그것을 컨트롤하기 때문이다.

---

31 ジャン・ボードリヤール, 『記号の経済学批判』, p.58.
32 위의 책, pp.37-38.

사물의 제1차적 신분은, 기호의 사회적 가치에 의해 그 의미가 제한되는 실용적인 신분이 아니다. 그보다는 기호의 교환가치가 더 근본적이다. 그때의 사용가치는 교환가치의 실용적인 담보에 지나지 않는다(경우에 따라서는 그 순연한 합리화조차 그러하다). 역설적인 형태이기는 하지만, 이것이야말로 유일한 사회학적 가설이다. 욕구와 기능이라는 것은 구체적으로 자명함을 띠고 있지만, 사물의 추상적 차원, 사물의 현재적 언설밖에 묘사하지 못한다. 그에 비하면, 대체로 무의식적이기는 하지만, 사회적 언설이 보다 근본적이라고 할 수 있다. 사물과 소비의 진정한 이론은 욕구와 그 만족의 이론이 아니라, 사회적 급부와 의미작용이론에 바탕을 둔다.[33]

이상의 내용을 염두에 두고, 다음 장에서는 소비사회에서 '기호=차이'로부터 생겨나는 '사회적 지위'와 '위신'이란 무엇을 의미하는지, 그 '사회적 급부와 의미작용의 이론'에 바탕을 두고 구체적으로 살펴보도록 하겠다.

4. 위신

일반적으로 커뮤니케이션이란, 인간이 사회생활을 영위하기 위해서 언어, 시각과 청각에 호소하는 몸짓, 표정 등의 수단으로 서로의 의사, 감정, 사고를 전달하는 것이다. 하지만 소비사회에서는 특정 사물을 소유하는 것이 "승인, 통합, 사회적 정통성의 증거"[34]가 되는 것처럼, 사람들이 사물을 매매하는 행위 또한 사회에서 커뮤니케이션 수단의 하나가 된다고 보드리야르는 생각하였다. 게다가 이 경우에 사물은 사

---

33 ジャン・ボードリヤール, 『記号の経済学批判』, p.2.
34 위의 책, p.38.

람들이 사회적 소속을 서로에게 전달하는 기능을 한다는 것이다. 그렇다면 소비사회에서 인간의 사회적 소속을 나타내는 역할을 하는 커뮤니케이션의 수단으로서, 사물의 소비란 구체적으로 무엇을 나타내는가?

> 재물과 차별화된 기호로서의 사물의 유통, 구매, 판매, 취득은 오늘날 우리들의 언어활동이자 코드이며, 그것에 의해서 사회 전체가 서로에게 메시지를 전달하고 이야기를 주고받는다. 이것이 소비의 구조이며 언어이다. 개인적 욕구와 향수(享受)는 이 언어에 비교하면 커뮤니케이션 효과에 지나지 않는다.[35]

어떤 사람이 어떠한 사람인지, 어느 사회에 소속되어 있는지를 생각할 때, 그 사람에 대해서 구체적인 정보가 없더라도 어디에 사는지, 무슨 자동차를 타는지, 어떤 복장을 하고 있는지 등 그 사람이 소유한 사물을 통해서, 사회 속 그 사람의 위치를 상상할 수 있다. 즉, 사람이 소유하는 사물이란, 사회의 암묵적 동의하에 상대를 평가하는 판단 기준이 된다. 또한 이러한 소비구조는 인간의 '언어활동' 기능과도 닮았다. 소비는 바로 무언가를 이야기하는 행위이다.

> 사물, 사물의 통사법, 사물의 수사법은, 사회적 목표와 사회적 논리를 나타낸다. 그러한 것들이 우리에게 이야기하는 것은 이용자의 기술적 실천이 아니라, 사회적 야심과 단념, 사회적 이동성과 타성, 문화변용과 타문화 거부, 계층화와 사회적 분류이다. 각각의 개인과 집단은 사물을 통해서 질서 속의 자기 위치를 찾고자 하지만, 동시에 자신의 개인적 궤도에 따라 이 질서를 뒤엎으려고 한다. 사물을 통해서 계층화된 사회를 이야기한다.[36]

---

35 ジャン・ボードリヤール, 『消費社会の神話と構造』, p.98.
36 ジャン・ボードリヤール, 『記号の経済学批判』, p.14.

예를 들면, 소비사회에서는, A급 물건을 지닌 사람은 상류층, B급 물건을 지닌 사람은 중산층, C급 물건을 지닌 사람은 일반 서민이라고 하는 것처럼, 사회가 사물을 통해서 코드화된 생활 방식의 질서를 이룬다. 이미 사물은 본래의 기본적인 기능으로 소비되는 것이 아니라, '사회적 목표'와 '사회적 논리'를 나타내는 방향으로 소비된다. "사물은 엄밀하게 따지면 하나의 거울"이라고 인식하는 것처럼, 우리는 사물이라는 사회의 거울을 통해서 그것에 비친 자신과 상대의 이미지를 보며, 이러한 소비구조를 통해서 계층화된 사회질서에 순응한다. 즉, 소비를 통해서 계층화된 사회를 받아들이는 것이다.

> 분석의 원칙은 역시 다음과 같다. 사람들은 결코 사물 자체를 (그 사용 가치에서) 소비하는 일은 없다. 이상적인 준거로 생각되는 자기 집단의 소속을 나타내기 위하여, 혹은 자기 집단에서 벗어나 더욱 높은 지위의 집단을 지향하기 위하여, 사람들은 자신을 남과 구별하는 기호로서 (가장 넓은 의미의) 사물을 항상 조작한다.[37]

소비사회에서 소비자가 의복과 같은 사물들을 사는 것은, 노출을 피하기 위한 옷의 본래 기능만으로 사는 것이 아니라, 현재 자신의 소속, 자신의 신분을 나타내기 위해서 사는 것이다. 즉, 사람들은 다른 사람에게 보이는 자신을 나타내기 위한 '기호'로서 사물을 이용한다.

> 사람들은 자신을 위해서 즐기지만 일단 소비가 되면 이는 결코 자신만의 즐거움이 될 수 없다. (그러한 견해는 소비에 대해서 다양한 이데올로기적 논의로 교묘하게 계획된 소비자의 환상이다.) 사람들은 코드화된 가치의 생산과 교환의 보편적 시스템에 들어간다. 모든 소비자는 자신도 모르는 사이에 서로 이 시스템 속으로 말려들기 때문이다. 이런 의미로 볼 때, 소비는

---

[37] ジャン・ボードリヤール, 『消費社会の神話と構造』, p.68.

언어와 미개인의 친족 체계와 동일한 의미 작용의 질서이다.[38]

소비사회에서 소비 행위란, 사람이 사물을 통해서 자신이라는 것을 표현하고 상대로부터 반응을 받아들이는 것처럼, 사람과 사람, 사람과 집단, 사람과 사회 사이에서 이루어지는 캐치볼에 비유된다. 사람은 자신의 만족을 위해서 쇼핑을 즐기는 것처럼 보인지만, 물건을 소유하는 즐거움의 배경에는 사회적으로 "코드화된 가치"가 숨어 있어서 자신도 모르는 사이에 그것에 익숙해진다는 것이다.

> 사물의 모습이 변하고, 이 변화가 사회 규칙에 따라서 결정될 때 처음으로, 소비물은 존재한다. 사회 규칙은 차이표시적 도구 갱신의 법칙이며, 자신의 집단을 매개로 다른 집단과의 관련에 응하여, 여러 개인을 지위의 단계 속에서 강제적으로 기재하는 법칙이다. 이 지위의 단계야말로 고유한 의미의 사회질서이다.[39]

'사회질서'가 소위 사회 계급에 의해서가 아니라 '지위 단계'에 의해서 유지되며, 그 '지위 단계'는 '소비물'의 '차이 표시' 기능에 바탕을 둔다는 것이 보드리야르의 현대사회이론의 중심 생각이다. 보드리야르는 이것을 "사물이 시리즈 속에서 소비되는 것은, 관계라는 관념이다."[40]라는 말로 표현한다. 예를 들면, 소비사회에서는 같은 자동차라고 하더라도, 외국산 고급 자동차를 소유하는 사람, 국산 고급 자동차를 소유하는 사람, 중형차를 소유하는 사람, 소형차를 소유하는 사람과 같이, 자동차라는 소비물에 의해서 네 가지 그룹으로 인간관계가 형성된

---

[38] ジャン・ボードリヤール, 『消費社会の神話と構造』, p.97.
[39] ジャン・ボードリヤール, 『記号の経済学批判』, p.62.
[40] ジャン・ボードリヤール, 『物の体系』, p.247.

다. 실제로는 더욱 세밀하고 다양한 관계성이 만들어진다고 볼 수 있다. 게다가, 이와 같이 사물에 의해서 만들어지는 '관계'란, 소비에 의해서 계층화되는 사회질서를 의미한다.

> 재물의 소비(먹기 위해서든 사치든)는 본래 욕구의 개인적 경제에 응하지 않고, 위신과 등급 분배의 사회적 기능임을 상기해야 한다. 그것은 생명과 관련하여 당장 시급한 필요나 '자연권'의 영역에 속하는 것이 아니라, 문화적 제약의 영역에 속한다. 즉, 소비란 제도 중 하나이다. 재물과 물건은, 사회적 등급이 현재화를 유지하도록 생산되고 교환될(여러 차례 폭력적 낭비의 형태로) 필요가 있다.[41]

보드리야르는 사람들이 물건을 소비하는 행위가 다양한 관계성 속에서, 특히 사회에서 개인의 '위신'을 나타낸다고 서술하였다. 그 위신이란, "물리적인 근거에 바탕을 둔 필요" 때문에 소비하는 물건이 아닌, "심리적인 근거에 바탕을 둔 욕망"을 위해 손에 넣은 물건에 의해서 충족된다. '위신'은 '현재화'한 '사회적 등급'이다. 그것은 개개인의 취향에 의해서 결정되는 자의적인 것이 아니라, 사회적으로 결정되는 '제도'이다. 보드리야르는 사회질서 유지를 위해서 그것이 필요하다고 생각하였다. 여기서 "문화적 제약의 영역"이라는 표현을 쓰는데, 이는 현대 사회에서 '문화'가 어떠한 역할을 하는지에 대한 보드리야르의 생각을 시사하고 있다. 우리는 바로 '문화'라는 지침에 따라서 생활하고 있다.

> 사물은 결코 그것이 어떠한 역할을 하는지, 즉 그 기능으로 설명할 수 없다. 그리고 이러한 존재의 과잉 속에서야말로 사물은 그 위신상의 의의

---

41 ジャン・ボードリヤール, 『記号の経済学批判』, p.2

를 얻으며, 세계가 아니라 사물 소유자의 존재와 사회적 지위를 '지시한다'는 것이다.[42]

사물은 실질적으로 어떠한 기능을 지니는지만으로 설명되지 않고, 어떠한 '위신상의 의의'를 지니는지가 중요하다. 그러한 의미에서, 사물은 사람들의 사회적 지위를 표시하는 도구이다. 사물은 자연히 위신(의 결예)을 이야기한다. 즉, 무언가 차별화된 물건을 지닌다는 것은 남과의 관계에서 자신과 타인의 차이를 표시하며, '행복과 위신'의 요소로 기능한다.

> 사물은, 대체할 수 없는 객관적 기능의 영역 밖과 명시적 의미의 영역 밖에서는, 또 사물이 기호가치를 지니는 명시적 의미의 영역에서는, 많든 적든 간에 무제한으로 바꾸어 생각할 수 있다. 세탁기는 도구로서 사용됨과 동시에 행복과 위신의 요소 역할을 담당한다. 후자야말로 소비의 고유한 영역이다. 여기서는, 다른 모든 종류의 사물이 의미 표시적 요소로서의 세탁기를 대신할 수 있다.[43]

텔레비전과 냉장고 같은 사물이 그 본래의 기능대로 프로그램 시청, 냉장, 냉동 보관이라는 기본적 도구의 의미로만 소비되는 것은 아니다. 최첨단 디자인과 다기능을 갖춘 고급 제품을 구매하는 경우와 같이, 어떠한 텔레비전, 어떠한 냉장고를 가졌는지에 따라 그 사람의 사회적 지위와 개인의 '행복과 위신'이 판단된다. 이러한 소비구조를 소스타인 베블렌(Thorstein Veblen, 1857-1929)은 '현시적 소비'[44]라고 부르지만, 보드

---

42 ジャン・ボードリヤール, 『記号の経済学批判』, p.5.
43 ジャン・ボードリヤール, 『消費社会の神話と構造』, p.93.
44 "가치 있는 상품의 현시적 소비는, 유한계급의 신사에 대한 사회적 명성의 수단이다. 부가 그의 수중에 축적된다고 하더라도, 다른 사물의 도움 없이 그 자신의 노력만으로는, 그의 부를 충분히 증명하는 데 도움이 되지 않는다. 이에 귀중한 선물을 보낸다거나, 돈

리야르는 그것이 '유한계급'에 국한된 특권적인 영위가 아니라 오늘날 소비의 본질로서 편재한다고 분석하였다.

이상, 현대 소비사회를 이해하고 분석하는 데 있어서 보드리야르의 '상품의 기호화' 이론을 정리해 보았다. 다음 장에서는, 소비 대상인 사물이 '물질적인 상품'이 아니라, '문화적인 상품'일 경우에는 어떻게 전개되는지에 대해서 논하고자 한다.

5. 기호론의 왜소화

앞에서 살펴보았듯이, 보드리야르가 말하는 '상품의 기호화'란 소비사회에서 사물이 팔리는 상품이 되기 위해서는 다른 사람의 사물과 '차이'를 나타내는 '기호'성을 가져야 한다는 말이다. 더욱이 그 '기호'는 사회에서 '사회적 지위'와 '위신'을 나타내야 한다. 바꾸어 말하면, 상품은 사물로서의 매력을 발산할 수 있게 종용되며 이 때문에 스토리를 지닌다.

그러니 마마타 다카오(2000)는 사물이 이야기하는 스토리의 불완전성 혹은 그 왜소화를 지적하였다. 현대사회에서 '사회적 지위'란 교육 수

을 들여 향연과 여흥을 베푼다든지 하여, 친구와 경쟁 상대의 조력을 받아들이게 된다. 선물과 향연은, 필시 악의 없는 과시와는 별도의 기원이 있다고 보지만, 그러한 사물은, 오래전부터 이와 같은 목적에 대한 효용을 가지며, 그리고 현재에 이르기까지, 그러한 성격을 지니고 있다. 그러므로 이 점에 관한 효용은, 훨씬 이전부터, 이러한 습관이 그것에 입각한 본질적 근거가 된다. 포틀라치(선물공세)의 연회와 무도회 같이 돈을 들인 향연은, 특히 이 같은 목적에 적합하다. 접대하는 호스트 측은, 그것과 비교하고 싶은 경쟁 상대를, 이런 방법으로 목적에 대한 수단으로서 이용한다. 그는, 그를 초대한 자를 위해서 대신 소비하는 것과 동시에, 그를 초대한 자가 혼자는 어떻게 할 수 없을 정도의 넘쳐나는 사물을 소비한다는 증인이 되며, 또한 그를 초대한 자가 에티켓에 익숙하다는 것을 증명하는 증인이 된다." ソースティン・ヴェブレン, 『有閑階級の理論』, pp.76-77.

준, 직업, 소득, 자산, 권력 등과 같이 다원적이다. 이와 같은 사회에서는 어떤 지위를 나타내는 기호를 소유한다고 해서 다른 모든 면에서 높거나 낮은 지위를 나타낸다고 할 수는 없다. '사회적 지위'란 경제적 지위와 같이 소비로써 표시 가능한 것도 있지만, 집안의 좋고 나쁨이나 회사에서의 지위, 지식인이라는 지위와 같이, 표시 불가능한 비경제적 지위도 있으므로, 소비 기호론을 대신하는 것을 생각해내야 한다고 지적하였다.

> 어떤 지위를 나타내는 기호(이하 지위표시기호로 표기)가 모든 면에서 높은 지위에 있음을 나타내기란 불가능하다. 순문학과 소설을 읽는 것이 높은 교양의 기호가 되며, 고급 외제차를 타는 것이 고소득의 기호가 되는 것처럼, 특정 차원에서만 지위가 높다(낮다)는 것을 나타낼 수 있다. 일찍이 모든 차원에서 지위가 높다(낮다)는 것을 나타내던 복장, 주택, 생활용품과 같은 포괄적인 지위표시기호는 이미 존재하지 않는다. 지위표시기호는 '소립화'한다.[45]

어떤 사람이 교양서를 읽는다는 것은 "높은 교양의 기호"이며, 고급 상표의 사물을 구매하는 것은 "고소득의 기호"가 된다. 이처럼 어떤 '사물=상품'을 소유하면 그 '사물=상품'에 부여되는 '기호'를 소유하는 것이지, 모든 상황에서 '사회적 지위'를 획득하는 것은 아니라는 것이다. 이런 점에서 커다란 스토리는 무너지고 만다.

그러나 보드리야르가 말하는 '사회적 지위'도 비슷한 내용을 언급하였다. 그가 정의하는 소비사회에서 '사회적 지위'란, 봉건시대의 '탄생, 혈통, 종교'처럼 영속적인 귀속지위를 의미하지 않고, 사회적 이동이 가능한 획득적 성취 지위를 의미한다.

---

45 間々田孝夫, 『消費社会論』, p.168

즉, 소비사회에서 소비자가 된다는 말은 '기호'화한 상품을 구매하는 것으로 미크로적인 '사회적 지위'를 획득한다는 의미이다. 커다란 스토리는 붕괴하기보다는 작게 축소되었다고 볼 수 있다.

말할 필요도 없이, '기호'화한 상품을 구매하여 얻는 '사회적 지위'란 실로 불안정한 것임을 주의해야 한다. 예를 들면, "60년대 집 전화는 부의 상징, 80년대 집 전화는 용건만 간단히"라는 광고[46]의 캐치프레이즈에서도 알 수 있듯이, 생활 방식의 변화와 함께 상품의 '신분'은 가변적이다. 60년대, 전화라는 상품의 보급률이 미비하던 한국 사회에서 전화는 생활수준의 높낮이를 나타내는 '기호'로 소비되었다. 하지만 시대의 변화와 함께 대중화되면서 전화가 가지는 1차적 의미, 즉 통신과 연락 수단으로 소유되는 상품이 되었다. 다시 말해, 올해 유행하는 패션 아이템을 사거나 새로운 모델의 전화 제품을 구매하면서 얻는 '사회적 지위' 혹은 '위신'은 자신이 소유한 사물보다 새로운 모델의 사물이 상품으로 출하되었을 때 그 의미를 상실한다. 그러므로 소비사회에서 '기호'화한 상품을 구매함으로써 얻는 '사회적 지위'를 유지하기 위해서는, 항상 새로운 상품을 구매하는 행위를 지속해야만 한다. 브레이크가 작동하지 않는 소비주의의 원인이 바로 이것이다.

지금까지 보드리야르가 현대 소비사회를 이해하고 분석하는 데 있어서 왜 상품의 기호화에 착목하였는지에 대해 명확하게 살펴보았다. 그의 '소비사회'이론은 마마타처럼 제한된 의미에서 생각해야 하지만, 그렇다고 하더라도 여전히 현대사회에서 유효한 사고의 중심축임을

---

46 LG데이콤이라는 인터넷 전화 회사의 광고(2009). 1960년대부터 2009년도까지의 집 전화의 트렌드를 소개하고 있다. 부의 상징이 되었던 1960년대의 전화가 일반화, 대중화 과정을 거치면서 오늘날(2009년도)에는 IT가 진행됨에 따라 생활 방식의 변화와 함께 집 전화의 모습 또한 경제적인 면을 고려해서 인터넷 전화가 저렴하다는 메시지를 전하고 있다.

알 수 있다.

한편 소비 대상은 자동차나 주택과 같이 물질적인 사물에만 한정되지 않는다. '한류' 드라마를 보거나 영화를 보거나 회화 전람회를 관람하거나 가부키 공연을 참관하는 등, 다양한 문화 활동도 포함되기에 실로 그 범주가 넓다고 할 수 있다.

다음 장에서는 20세기 후반 대중 소비사회가 출현하던 당시 문화가 중요한 소비 '상품'이 된 사회 상황을 염두에 두고, 소비사회에서 '대중문화'의 문화적 상품에 대해서 생각해 보고자 한다.

6. '문화'의 이중성

앞서 설명하였듯이 소비 대상은 냉장고와 자동차 같은 물질적인 사물만이 아니라 다양한 문화 행위까지 포함한다. 이러한 문화적 상품이 이야기하는 스토리의 불완전성과 예외성에 대해서 보드리야르는 다음과 같이 이야기하였다.

> 잡지, 백과사전, 포켓북 등으로 대폭 늘어난 '교양' 도구는, 더욱더 격화하는 지위 획득 경쟁에 보조를 맞추어 이 [문화 소비의] 요구에 대응한다. 이러한 문화의 실체는 자율적인 행동을 키워나가지 않고, 사회적 이동의 수사법, 즉 다른 무엇을 추구하는 요구라기보다는 오히려 사회적 지위의 코드화된 요소로서 문화를 추구하는 요구를 키워나갈 때 '소비된다'.[47]

보드리야르는 '잡지, 백과사전, 포켓북' 등의 문화적 상품이 사회에

---

47 ジャン・ボードリヤール,『消費社会の神話と構造』, p.149.

서 자율적인 '교양'을 학습하는 교재로서 인식되는 경우는 소비 대상이 아니라고 정의하였다. 문화가 전적으로 지식의 습득과 배움의 보조 자료로서만 사용된다면 그것은 소비 대상이 될 수 없다. 보드리야르의 이론에서 서적과 같은 문화적 상품들이 소비사회에서 소비 대상이 되기 위해서는, 개인의 서재를 장식하는 시리즈물이 되어 그 책의 소유주를 자못 지식인인 것처럼 과시하는 '지위 획득'의 도구가 되어야 한다는 것이다. 소비사회에서 '문화'를 소비한다는 것도 자발적인 의사에 의한 행위가 아니라 코드화된 사회질서로, 제어된 자신의 욕망에 의존한 행위라고 보드리야르는 생각하였다.

> 순수하게 문화적인 내용은 공시[잠재적 의미]로서, 2차적 기능 외에는 모습을 나타내지 않는다. 전기세탁기가 생활 도구가 아닌 쾌적한 생활과 위신의 요소가 될 때 소비의 대상이 된다는 것과 같은 이치로, 문화의 내용은 소비된다. 그렇게 될 때 비로소 전기세탁기는 세탁기로서의 독자적인 내실을 잃고, 다른 사물-특히 문화-과 대체 가능해진다. 문화도 마찬가지로, 다른 사물과 동질의 상품으로 대체 가능해지면(위계로 말한다면 분명히 상급이기는 하지만) 소비의 대상이 된다. 여기에는 『과학과 생활』지 ['고급' 잡지]뿐만 아니라, '고상한' 문화, '위대한' 회화, 클래식 음악 등도 해당된다. 이러한 것은 모두 드럭스토어나 신문 판매섬에서 다른 상품과 함께 팔릴지 모르지만, 엄밀히 말하면 팔리는 장소나 발행 부수, 소비자의 '교양 레벨'이 문제가 되지는 않는다. 그러한 모든 것이 팔리며 같이 소비되는 것은, 문화가 다른 모든 범주의 사물과 동일한 경합적 수요와 이 수요에 응해서 생산되기 때문이다.[48]

더러워진 의복을 세탁하기 위한 전기세탁기라면 최소한의 기능만으로도 충분하지만, 실제 전자 상가에 전시된 전기세탁기의 종류는 실로

---

48 ジャン・ボードリヤール, 『消費社会の神話と構造』, pp.149-150.

무궁무진하다. 브랜드에 의한 차이는 말할 것도 없고, 동일한 브랜드의 제품 중에서도 디자인과 기능에서 차이가 나는 다양한 모델이 진열되어 있다. 소비사회에서는, 헤아릴 수 없을 정도로 많이 진열된 전기세탁기 중에서 어떠한 것을 선택하는지에 따라, 그것을 선택한 사람의 '사회적 지위'가 표시된다. 오래된 '장식품'을 애용한다면, 그러한 소비자는 '차이를 아는 사람'으로 인식된다. 그러나 그 '차이'는 교양의 차이가 아니다. 말하자면, 생활 양상의 차이다. 이러한 상품의 기호화 논리는 '문화'의 소비에도 적용된다. 그 결과, 오늘날은 '문화'도 편의점에서 살 수 있게 되었다. 소비사회에서 '문화'가 소비 대상이 되었기 때문에, '문화' 그 자체는 '2차적 기능 이외에는 모습을 드러내지 않게' 되었다. 다른 상품이 그러한 것처럼 '문화'도 '기호'로서 팔린다. "고상한 문화, 위대한 회화, 클래식 음악 등"도 예외 없이, 소비 대상의 상품이기 위해서는 팔리는 물건이 되어야 한다. 경제적 관점에서 팔다 남은 상품은 더 이상 가치가 없는 물건을 의미하기 때문이다. '문화'가 '모든 범주의 사물과 동일한 경합적 수요와 이 수요에 응해서 생산된다'는 것은, 소비되기 위해서 매력적인 기호성이 필요하다는 의미이다.

> 상징적 체계로서의 미에 대해서 '미학'(공업 미학과 형태의 기능적 합리화와 기호의 조합이라는 의미의)이라는 말이 있듯이, 문화에 대해서 같은 관계에 있는 새로운 말을 만들 필요가 있다. 다양한 메시지, 텍스트, 이미지, 혹은 고전적 걸작과 희극을 포함한 기능화 실체, 인스피레이션과 수용성을 대신할 수 있는 코드화된 '창조성'과 '감동'의 의미 작용과 커뮤니케이션을 향한 집단적인 움직임, 즉 '공업화한 문화성'을 나타내는 용어는 아직 없다. 이러한 것은 모든 시대의 모든 문화를 뒤섞어버리지만, 적당한 말이 없는 관계로 우리는 그것을 '문화'라고 부른다. 물론 이 때문에 많은 오해가 생겨난 것은 사실이지만, 소비문화의 초기능주의 한가운데에서 보편적인 것, 현대라는 시대를 해명할 수 있는 새로운 신화(라고 하더라도

신화를 제재로 한, 유행하는 블록버스터 영화는 아니지만), **현대성에 빠지지 않고 현대성을 해독해 줄 방법을 항상 모색했다.**⁴⁹

　소비사회가 새로운 현상인 이상 '상품으로서의 문화'(공업화한 문화성)도 새로운 현상이다. '(그것을) 나타내는 용어가 아직 존재하지 않긴 하지만', IT가 이만큼 발달한 시대에 그것은 '데이터베이스'라고도 말할 수 있을 것이다. 그러나 필자의 관심은 그러한 신조어를 만들어 내기보다는 이 발언의 숨은 의미를 생각하는 데 있다. 보드리야르가 '문화'를 대신하는 용어의 부재를 일부러 논하는 것은, '문화'라는 오래된 말에는 '상품'이라는 것으로 해결할 수 없는 깊은 의미가 늘 붙어 다닌다는 것을 뜻한다. 그러하기에, 단순히 모든 장르의 '문화'에 접하는 행위 전체를 '지위 획득'의 과정으로 한데 묶어서 생각할 수는 없다. '문화'는 오로지 '현시'적으로만 소비되는 것이 아니다. 설령 계기는 그렇다고 하더라도, 결국은 그러한 '현시'성을 뛰어넘어 다양한 소비의 모습을 나타내는 것이 아닐까? 그런 의미에서 '문화'의 이중성을 인식할 필요가 있다.

　여기서, 앞서 인용한 "(소비대상이 되는) 문화란 다른 무언가를 추구하는 요구"란 밑의 의미를 생각해야 한다. 그것은 보드리야르에게는 관심 밖의 오래된 교양주의일지도 모른다. 하지만 이런 것도 사실 상품화되어 왕성하게 소비되고 있다. 이러한 점 때문에 필자는 '문화산업'을 본 연구의 출발점으로 하였다. 한국뿐만 아니라 일본도 이러한 종류의 문화 상품 생산을 앞으로 나아갈 방향의 하나로 생각하는 이때, 문화의 이중성을 분별하는 복합적인 주의가 필요하다. 이후 문화산업이 보드

49　ジャン・ボードリヤール, 『消費社会の神話と構造』, pp.151-152.

리야르의 이론을 뛰어넘어 어떻게 소비되는지는 제3장에서 살펴보고자 한다.

제3장

상품으로서의 한류 문화

'한류'는 1990년대 후반 이후 한국의 대중문화를 이해하는 중요한 키워드로 자리매김하였다. 이는 중국에서 시작된 신조어로 당시 중국 사회에서 일어나던 '한국 문화의 유행'을 의미했다. 처음에는 다른 나라 문화에 의해 자국 문화가 침식된다는 의미의 '한류(寒流)'와 발음이 비슷해, 한국의 대중문화와 스타들에게 열광하는 자국의 젊은 세대들에게 경종을 울리는 의도로 불렸다. 하지만 '한류' 이전 1980년대 중국에서는 '일본 문화의 유행'이라는 의미에서 붙여진 '일류'라는 말이 이미 존재하였으므로 그것과 유사한 신조어라고 해석하는 편이 좋을 듯하다.

아시아에서 일어난 '한류' 현상은 처음에는 중국과 베트남 등지의 동아시아에 한정되는 붐이었지만, 2003년에 한국 드라마 『겨울연가』[1]가 일본의 NHK에서 방송되며 일본에서도 '한류' 붐이 확산되었다. 일찍이 대중문화의 송신자로서 아시아 각국에 '일류' 바람을 불러일으키던

---

1 2002년 1월부터 3월까지 KBS한국방송에서 방영한 드라마(전 24화). 일본에서 『冬のソナタ(후유노소나타)』라는 타이틀로 방영되었다.

일본이 지금은 '한류'의 수신자가 되었다. 게다가 일본의 '한류' 소비자에 대해서 주목할 점은 다른 국가와 구별되는 "'중장년 여성 팬'이라는 존재이다. 지금까지 중장년 여성이라는 존재는 문화의 주체로서 인식된 적이 없다."[2] 하지만 그들이 지금은 스스로 타문화인 한국 대중문화의 '문'[3]을 열고 주유(周遊)하면서 사회현상까지 바꾸어 간다. 그렇다면 왜 그러한 독특한 사회현상이 일어났을까? 그들에게 있어서 '한류'란 무엇인가? 참으로 흥미로운 일이다.

제2장에서 서술하였듯이 보드리야르는 현대사회의 모습을 정의하는 용어로 '소비사회'에 주목하며, 어떠한 사물을 소유한다는 것은 일상적인 필요가 아닌, 다른 의미를 지닌다고 생각하였다. 사물을 소비한다는 것은 일차적 의미인 '사용가치'에 그치는 것이 아니라, 다른 동종의 사물과는 다른 특별한 '차이=기호'를 추구하는 것이고, 그러한 사물을 소유하는 것이 다른 사람과의 관계에서 '차이'를 나타낸다는 것이다. 그리고 사람이 타인과의 구별을 추구하는 배경에는 사회적 관계에서 자신의 '사회적 지위'와 '위신'의 높이에 대한 과시가 숨겨져 있다는 것이다.

국가별 '한류' 소비에 관해서 살펴보면, 중국과 베트남 등지의 동아시아에서 '한류'의 주요 수용자들인 청소년층이 '한류'를 통해서 소비하는 것은 드라마에 출연하는 '한류' 스타의 도시적인 모습과 패션, 그리고 생활수준 같은 현대적 요소이다. 그것은 자국의 삶의 방식과는 다

---

2 毛利嘉孝編, 『日式韓流』, p.15.

3 "문은 마땅히 열리기도 하지만, 그것이 일단 닫히면 공간 저편에 있는 모든 것에 대해서 단순한 벽보다도 한층 강력한 차단을 부여한다. 벽은 침묵하지만, 문은 이야기한다. 사람이 스스로 경계를 설정한다는 것, 그러나 어디까지나 그 경계를 재차 파기하고 그 외측에 서 있을 수 있다는 자유를 확보하면서 이것을 행한다는 것, 이것이야말로 사람에게 본질적인 것이다." ジンメル・ゲオルク, 『ジンメル・コレクション』, p.95.

른 '차이=기호'이며, 이는 보드리야르가 정의한 상품으로서의 '문화'의 소비라고 말할 수 있다. 여기서는 다른 사람들보다 한 발짝 앞선 경험을 통해 일종의 '위신'을 생성한다. 세계 경제 대국인 일본의 중장년 여성이 한국의 대중문화에 접하는 것 또한 타문화인 '차이=기호'를 소비하는 것이라고 말할 수 있다. 하지만 그렇다고 해서 그것이 일괄적으로 일본 사회에서 인간관계에 수반하여 생겨나는 '사회적 지위'와 '위신'으로 연결된다고 말할 수는 없다. 이처럼 '한류'라는 '문화'적 상품은 소비되는 환경에 따라서 다르게 해석할 수 있다. 이 자체가 '문화'(바꾸어 말하면 '문화 상품')의 이중성을 의미한다.

본 장에서 다루는 소비 대상이 '한류' 문화인 이상, 다음 두 가지 점에 주의해야 한다. 첫째는 '한류'가 '물질적 상품'이 아니라 '문화적 상품'이라는 것을 잊어서는 안 된다. 그것은 복합적이고 이중성을 띠기 때문이다. 둘째, 그것이 소비되는 환경 — 예를 들면, 중국과 베트남 등지에서 소비되는지, 일본에서 소비되는지 — 을 고려해야 한다. 왜냐하면, 일본 사회에서 문화 상품의 이중성이 표면화되고 있기 때문이다.

이러한 점을 염두에 두고 본 장에서는 일본 사회 내에서 점점 소비량이 증가하는 '한류'라는 문화상품에 주목하고자 한다. 득히 사회 유행 현상의 중심에서 멀어져 가던 중장년 여성[4]이 왜 초기 '한류' 소비의 주역이 되었는지, 그 문제를 '한류' 상품을 발신하는 생산자의 관점이 아니라 소비자의 입장에 주목하여 살펴보고자 한다.

---

[4] "젊은 층 문화의 편중에 대해서는, 일반적인 대중문화 연구뿐만 아니라 레게와 클럽, 뮤직, 인디밴드와 음악 산업 등을 분석 대상으로 하여 온 나 자신도 자기비판을 할 필요가 있다. 어찌 되었든 『겨울연가』의 성공은 마치 중심인 것처럼 보였기 때문에 실질적으로 주변화하여, 관심 밖의 대상이었던 문화 소비의 주체로서의 중장년 여성에게 눈을 돌리게 되었던 것이다." 毛利嘉孝編, 『日式韓流』, p.16.

1. '한류'의 탄생과 보급

'한류' 발전의 계기가 된 것은 1997년에 한국 드라마『별은 내 가슴에』[5]가 중화권에서 방송되면서부터이다. 이 드라마는 중국과 대만, 홍콩을 비롯해 아시아 전 지역에 방송되는, 스타 TV 계열의 중국어 방송인 '피닉스(Phoenix) TV'에서 방영되며 예상 밖의 반향(反響)을 불러일으켰다. 이렇듯 드라마를 통해서 '한류'는 확산되었다. 이듬해 1998년에는 한국의 대중가요도 중국을 중심으로 아시아 여러 국가에서 한국 대중문화 붐을 일으켰다.

'한류'의 탄생으로부터 오늘날에 이르기까지 "초기의 드라마, 음악, 영화 등의 장르 중심에서 게임, 패션, 한국 음식, 미용, 관광, 의료, 한국어 학습 등 한국 관련 문화 전반으로 확대되는 추세를 보이며 지역적으로도 중국, 일본, 대만에서 동남아, 멕시코, 러시아 등으로 확산 중이다."[6]

이와 같은 '한류' 현상의 요인에 대해서는 '문화산업'에 대한 한국 국내의 사회적 관심과 한국 정부의 지원 정책 등, 국내 공급자 측의 역할을 간과할 수 없다. 기존의 전통적인 제조업 분야에서는 생각하지 못한 부가가치를 문화적 상품이 가져다줄 뿐만 아니라, IMF 경제 위기 이후 심각한 사회적 문제이던 고용 문제까지 해결해줄 것이라는 기대감은, '문화산업'이 한국의 '21세기형 국가 전략산업'으로 자리매김하기에 충분하였다. 덧붙여서 말하면 1990년대 한일 관계에서 '한국에서의

---

5 1997년 MBC에서 제작한 드라마(전 16화). 이 드라마를 통해서 남자 주인공 안재욱은 원조 '한류' 스타로 자리매김하게 되었다.
6 문화관광부,『2004 문화산업백서』, 150쪽.

일본 대중문화 개방[7] 문제는 절박한 과제였다고 볼 수 있다. 그것이 논점의 중심이 된 배경에는, 양국의 역사적 경험과 경위에서 한국 국민의 정서에 반하는 일본 대중문화 개방은 시기상조라는 여론에 의해 금지되었다고 보는 것이 일반적인 인식이다. 그렇기는 하지만 배후에는 경제문제를 우려하는 한국 측의 방어 의식이 숨어있었다고 볼 수 있다. 왜냐하면 일본의 대중문화 개방이란 일본의 문화산업 상품의 수입 개방을 의미하고, 그것은 한국의 문화산업 상품을 궁지에 몰아넣는 결과가 될지도 모른다는 두려움이 있었기 때문이다.

그러나 한국 대중문화 붐('한류')은 한국 측이 의도한 계획에 따라 만들어진 것이 아니다. 내적·외적·개인적·정책적 요인이 우연히 합치하여 발생한 '설계되지 않은 성공(Success Without Design)'으로, 주로 수용자 측에서 일어난 것으로 이해하는 것이 올바른 해석이다(김정수, 2002, 6-14). 그 요인으로 우선 첫째는 "시장 개방과 경제성장, 다매체 다채널, 방송과 통신의 융합, 탈규제적 방송·통신 정책 등과 맞물려 아시아 각국 문화산업 시장의 콘텐츠 부족 현상에 한국산 영화, TV 드라마 등 문화 콘텐츠가 적절한 가격에 적시에 공급되어 콘텐츠 부족 현상을 해결해 주었다."[8]는 점을 들 수 있다. 둘째는 "한국의 대중문화가 중국,

---

[7] 한국에서의 일본 대중문화 개방은 한일 양국의 역사 문제 인식의 차에 의해서 한때 중단된 적도 있지만, 다음과 같은 절차를 밟아 2004년에 이르러 전면 개방을 하기에 이르렀다.

	한국에서의 일본 대중문화 개방
제1차 개방(1998.10)	칸 등 4대 국제영화제 수상작, 만화 부문
제2차 개방(1999. 9)	국제영화제 수상작, 대중가요의 소규모 공연
제3차 개방(2000. 6)	성인영화를 제외한 영화 상영, 국제영화제 애니메이션 수상작, 모든 대중가요의 공연, 일본어 가사 이외의 CD
제4차 개방(2004. 1)	전면 개방

베트남 등 동아시아의 사회·경제적 변화에 어울리는 감성적 구성을 수용자의 요구와 트렌드를 반영하여 정서적 측면에서 호소했다."[9]는 점을 들 수 있다. 그들에게 있어 한국 드라마는, 예전에 한국과 일본이 미국 드라마를 즐기면서 동경하던 것과 마찬가지로, 출연자의 도시적인 모습과 패션, 높은 생활수준 등 현대적 요소가 동경의 대상이 되었다.

게다가 이 붐은 난공불락의 요새로만 생각하던 일본 대중문화 시장에까지 침투하고 있는데, "2000년 이후 동아시아에서는 90년대를 석권한 일본 대중문화의 영향이 상대적으로 저하되고, 대신에 한국 대중문화, 특히 드라마가 열광적으로 수용되었다. 일본에서 일어난 '한류' 붐도 그러한 동아시아의 커다란 과정의 하나로 이해할 수도 있다."[10]

일본에서 '한류' 문화가 유행의 계기가 되었던 것이 한국 드라마『겨울연가』인 것은 주지하는 바이다. 〈표1〉에서 알 수 있듯이, 2003년 4월에 NHK 위성 제2TV에서 처음으로 방송될 당시 전체 시청률은 0.6%로, 주요 시청자는 40대와 60대 이상의 중장년 여성층에 한정되었고, NHK 프로그램 베스트 10의 하나에 지나지 않았다. 그 후 같은 해 12월에 NHK 위성 제2TV에서 재방송되자 사람들 사이에 입소문이 퍼지면서, 2004년 4월 NHK 종합 TV에서 재차 방송되었을 때에는 평균 시청률 7.4%를 기록하였고, 그와 동시에 시청자의 폭도 30대에서 40대 여성들로 확대되었다.[11] 수차례 재방송을 반복하는 동안 '후유소나', '욘

---

8 문화관광부,『2004 문화산업백서』, 149쪽.
9 문화관광부,『2004 문화산업백서』, 149쪽.
10 毛利嘉孝編,『日式韓流』, p.9.
11 NHK 종합방송문화 연구소,『NHK 방송연구와 조사』를 참조.

사마', '한드(韓ドラ)', '칸류(韓流)'와 같은 신조어들이 각종 미디어를 통해 반복적으로 언급되면서, 독특한 사회현상까지 일으켰다.

〈표1〉 출처: 『NHK 방송연구와 조사』(2004) (단위: %)

		전체	성별	7-12세	13-19세	20대	30대	40대	50대	60대
2003 6월	위성 2TV	0.6	남	0	0	0	0	1	1	1
			여	0	1	0	0	2	0	1
2004 4월	종합 TV	5.1	남	0	1	1	3	4	4	3
			여	1	5	4	5	6	12	11
2004 6월	종합 TV	7.4	남	2	1	1	4	4	6	4
			여	1	7	8	11	16	15	10

『겨울연가』의 주연배우인 배용준이 처음 일본을 방문하였을 때, 하네다공항에는 5,000명 이상의 팬이 마중을 나오는 진풍경이 펼쳐졌다. 중장년 여성들의 이와 같은 행보는 지금까지 일본 사회에서 생각할 수 없었던 사회현상이었다. 각종 미디어는 경쟁하듯 이 기사를 다루었다. 한편, 이와 같은 일본 중장년 여성 팬의 열광을 지켜보던 미디어는 그러한 사회현상을 '욘겔지수'[12], '욘플루엔자'[13] 등으로 비하하여 표현하며, 이들의 행동을 일시적인 붐에 지나지 않는 행동이라고 과소평가하였다. 그렇다고는 하더라도 이 독특한 사회현상에 당황스러움을 감추

12 경제학에서, 총지출에서 식료품비 지출이 차지하는 비율을 계산한 값을 엥겔계수라고 하는 데에 빗대어 만든 신조어로, 욘겔지수란 총지출에서 욘사마 관련 상품을 사는 데 드는 비용이 차지하는 비율을 계산한 값을 의미한다.
13 욘플루엔자란 인플루엔자(Influenza, 유행성감기, 문화어: 돌림형 감기)에 빗대어 만든 신조어이다. 보통 독감(毒感, flu)이라고 불리는 감염성 질환이나 그 병원체인 오소믹소 바이러스과의 인플루엔자 바이러스를 뜻하는 인플루엔자와 같이 욘사마의 매력에서 빠져 나오지 못하는 일본의 중장년 여성들을 야유하는 의도로 붙여진 이름이다.

지는 못하였다. 그녀들은 "주요 미디어에서 미디어에 조작되는 수동적인 소비자로 비추어질 뿐이었다. 그리고 미디어의 시청자로부터 아카데미의 연구자에 이르기까지 어딘지 모르게 멸시하는 눈빛을 무비판적으로 재생산하였다."[14] 어찌 되었든 처음 '일본 한류' 붐을 주도하였던 것은 "과거에 누군가의 열렬한 팬이었던 경험이 있으며, 유행과 정보에 민감하며, 드라마 광팬(그것도 '막장 드라마')이며, 눈물이 많고, 연애에 대한 갈망이 있는"[15] '미하(ミーハー)'[16] 타입의 중장년 여성들이었을지 모른다. 하지만 '미하(ミーハー)' 타입의 기세에 이끌려, 자연스럽게 현모양처 타입이 한류 붐에 합류'함으로써, '한류'는 일시적인 붐으로 끝나지 않고 오늘날 마이너리티 문화 중 하나로 일본 사회에 정착하였다.

단, 초기 '한류'의 주체는 어디까지나 중장년 여성들인데, 그 집단이 어느 정도 '일본인'을 대표할 수 있는지의 문제는 신중히 판단해야 한다. 정치적으로나 문화적으로 존재감이 옅은 집단이 '한류'를 계기로 전면에 나선 것은 사실이나, 여성의 사회적 진출에도 불구하고 아직 일본 사회는 남성 중심 사회이기 때문이다. 한편, 반대로 가정 내에서는 어머니 혹은 아내로서의 여성이 커다란 영향력을 가진 것 같다. 예를 들면, 일반적으로 일본 사회에서 초기 '한류'의 주요 소비자로서 주목된 것은 주로 중장년 여성들이었지만, 붐이 지난 후 마이너리티 문화로 정착하는 사이에 어머니에게 받은 영향으로 함께 '한류'를 즐기면서 한국에 친근감을 가지게 된 젊은이(자녀)들이 증가했다. 실제, 일본

---

14 毛利嘉孝編, 『日式韓流』, p.17.
15 川村静香, 『韓流ブームに見る中年女性の意識調査』, p.17.
16 세상의 유행 등에 열중하기 쉬운 사람들을 말한다. '미짱 하짱(みいちゃんはあちゃん)'의 약어로, 원래는 취미 수준이나 교양이 낮은 사람들, 또는 그러한 사람들을 경멸하는 말이다.

고등학교 혹은 대학에서 선택과목으로 외국어를 학습하는 경우, 한국어를 선택하는 학생 숫자가 적지 않다. 그러한 학생들에게 한국어를 선택한 경위 혹은 이유를 물어보면 소수이기는 하지만 '한류'를 좋아하는 어머니를 위해서 한국어를 공부하여 어머니에게 가르쳐 드리고 싶다든지, 어머니의 영향으로 자연스럽게 '한류' 드라마를 보면서 한국에 대한 위화감이 없어졌다고 대답해, 가정 내 어머니의 영향이 있었음을 느낄 수 있다. 최근, '한류'의 소비자로서 존재감이 없었던 일본 젊은이들이 한국의 '아이돌 그룹'과 '걸 그룹'에 열광하며 '신한류'[17]를 형성하는 것도 기존의 '한류' 붐에 의해 한국은 '(거리적으로) 가깝고 (생활 모습도) 가까운 나라'라는 미디어 환경 속에서 성장하였기 때문이라고 말할 수 있다. 또한 '한류' 팬인 아내와 원활한 대화가 이루어지지 않아서 자신도 함께 '한류' 드라마를 보는 사이에 빠져들었다는 남성(남편)들도 조금씩 증가하고 있다.[18] 이러한 남성의 등장은 일본 사회에 '한류'

---

[17] '신한류'란 일본의 중장년 여성을 주요 소비자로 하는 '한류'에 대비되는 말이다. 『겨울연가』를 시작으로 하는 TV 드라마와 영화 등이 '한류'의 주요 소비 대상이 되었던 것에 비해, '신한류'는 한국의 '아이돌 그룹'과 '걸 그룹'의 노래(K-POP)에 열광하는 젊은 층 팬이 눈에 띈다.

[18] 『겨울연가』를 시작으로 수많은 해외 드라마를 담당하였던 NHK의 구로이와 미카는 『대장금』이 방영되면서부터 중장년 여성 중심이라는 '한류' 드라마의 소비자층에 변화가 생겼다고 말하였다. 여성을 중심으로 하는 스토리이기는 하지만 이씨 조선의 국왕으로부터 『대장금』이라는 칭호를 받은 전설적 인물인 장금이의 파란만장한 생애와 역사적 인물의 성공 사례는 남성이 스토리에 감정이입하기 쉬운 내용이기 때문이다. 그렇지만 한류 팬인 아내의 존재가 없었다면 한류 드라마에 접할 가능성은 희박하다고 생각된다. 그런 의미에서도 가족 단위의 한류 팬 확대에는 어머니와 아내로서의 여성의 영향이 눈에 띈다. 다음은 NHK BS 팬클럽('해외 드라마에 열중!', No.68)의 내용을 참조. "『대장금』은 지금까지 한국 드라마 세 작품과는 다른 반향을 일으켰습니다. 지금까지는 그다지 한류에 반응을 보이지 않았던 남성 팬이 많아졌다는 것. 다른 한국 드라마로 보내오는 메일의 9할은 여성. 하지만 『대장금』은 남녀 비율이 6:4. 지금까지 압도적으로 적었던 남성들의 뜨거운 반응이 늘었다는 것은 솔직히 기쁜 일입니다. 그리고 또 한 가지 특징은 연령층의 폭이 더욱 넓어졌다는 것. '가족 삼대가 보고 있습니다.' '두 살 된 아이가 주제가에 맞추어서 노래를 따라 부릅니다.'는 편지도 보내옵니다."

붐이 형성되던 2003년에서 2004년의 사회적 분위기를 생각하면 뜻밖의 전개라고 볼 수 있다. 당시 '한류'의 주요 소비자는 중장년 여성층에 한정되어, '한류' 팬으로서 남성의 존재감은 여성에 비해 희박하였다.

그렇다면 주부는 언뜻 보기에는 '섀도워크(Shadow Work)'[19]만으로 존재하는 듯이 보이지만, 실은 가정 내에서 자녀 혹은 남편에게 문화를 전달하는 능력을 갖췄다고 말할 수 있지 않을까? 일본 사회에서 '한류'는 이러한 루트를 통해 가정 내에서 가족의 커뮤니케이션 수단으로 소비되며 가족 전원에게 한국을 '가까운 나라'로 만든 것이다.

NHK 위성 TV의 주임 프로듀서인 오가와 준코[20]는 일본 국내에서의 한국 대중문화 콘텐츠의 유통 상황과 파급효과에 대해서, "첫사랑을 다룬 한국 드라마(『겨울연가』) 한 편이 일본인들이 잠시 잊고 있었던 수십 년 전 순수하고 따뜻했던 시절에 대한 향수를 불러일으켰다."[21]라고 분석하였다. 그러나 '순수하고 따뜻했던 시절에 대한 향수'라는 말만으로 일본 사회 ― 구체적으로 말하면 중장년 여성층 ― 의 '한류' 현상을 정리해버리는 것은 무언가 불충분한 것 같다. 일본 사회에서 사람들이 그리는 '순수하고 따뜻했던 시절'이 구체적으로 무엇을 의미하는 것인지, 그것을 한국 드라마를 통해서 그리워하는 것은 왜인지, 이런 점이 불분명하다. 초기 '한류' 현상이 단순히 일본의 '순수하고 따뜻했던 시절'을 그리워하는 '노스탤지어'만으로 만들어진 것이라면, 중장년

---

19 '섀도워크(Shadow Work)'는 이반 일리히(Ivan Illich, 1926−2002)가 만든 말이다. 이는 전업주부 등이 행하는 가사 노동 등 보수를 받지 않는 일로, 누군가가 임금노동을 할 수 있는 생활 기반을 유지하기 위해 꼭 필요한 일을 가리킨다. 임신, 출산, 자녀 교육 등의 재생산 노동이 이에 해당한다. 쓰루미 가즈코는 이를 '그림자의 일'이라고 번역하였다. 본래의 의미는 소비사회화를 지탱하는 숨은 노동이라는 의미로 불렸다(출전 : 프리백과사전, 『위키피디아』).

20 『겨울연가』의 일본 방영 책임자인 NHK 위성방송국 주임 프로듀서.

21 조선일보(2004년 7월 15일).

여성들만이 아니라 당시 일본 남성들도 공감할 수 있어야 하였다. 그러나 공감하는 남성의 존재는 〈표1〉에서도 나타나듯이 희박하였다.

한국 드라마를 본 여성들은 단순히 드라마를 즐기는 것에 그치지 않고 여러 가지 활동을 시작하면서 이것을 사회현상으로까지 확대해갔다. 이를 어떻게 해석할 수 있을까? 특히 일본의 초기 '한류' 현상 중, 다른 국가에서 발생한 것과는 다르게 이목을 끄는 점은, 중국과 베트남 등지의 동아시아에서 '한류'의 주요 수용자가 청소년층인데 반해, 일본은 중장년 여성층으로부터 시작되었다는 점이다. 10대와 20대를 대상으로 하는 젊은 층을 위한 드라마가 양산되는 과정에서, "문화의 실천자로서 중장년 여성들의 주변화"[22]가 일반적이었지만, 이러한 중장년 여성들이 한국 드라마에 눈을 돌려 일본 사회에서 '한류'를 만들어 낸 것이다.

초기 '한류' 소비의 주역이 된 중장년 여성들에 대해서 하네부치 이치요(2005)는 "사회 상황의 완성을 이룬 70년대, 대중문화가 꽃을 피운"[23] 시대를 젊은 나이에 보낸, '프레(pre)신인류 세대'라고 정의하였다. 한편, 일본 문화 평론가 김지룡은 '한류 현황과 발전 방안'[24]이라는 토론회에서 『겨울연가』와 '욘사마'의 소비 주역이 되는 여성들은 일본의 학생운동 이후에 등장한 '신인류 세대'[25]라고 분석하였다. "경제성장

---

22 毛利嘉孝編, 『日式韓流』, p.49.
23 "70년대에 들어서 도시와 농촌의 거리는 좁혀지며, 그 생활 방식도 교통망의 발달, 통신망의 발달 그리고 미디어 기술의 발달로 사람, 물건, 정보의 이동이 심화하였다. 특히 인구 이동이 쉬워졌다. 태어나 자란 지역을 떠난다는 것은, 미디어에서 예측된 정보에 의해서 상황의 예측이 가능해진다는 것이다. 대학 진학자가 서서히 증가하는 것도, 이 시기에 이르러서이다. 일본 국내만을 두고 본다면, 누구라도 살기 좋은 곳으로 이동하여, 많은 노력을 기울이지 않더라도 생활이 가능한 사회 상황이 되었다. 그리고 도시적인 생활 방식은 전국적으로 침투해 갔다." 羽渕一代, 『AURA』, p.13.
24 한국언론재단 주최로 개최한 심포지엄 내용을 참조(2005년 6월 1일-2일).

의 과실을 만끽하며 본격적인 소비문화를 만들어 낸 이들은 1990년대 한국의 '신세대'[26]와 비슷한 감성"[27]을 지녔고 "한국에서 20대를 겨냥해 만든 TV 드라마가 비슷한 감성을 지닌 일본의 신인류 세대의 아줌마들과 통하기 때문에 욘사마 열풍이 분 것"[28]이라고 서술했다.

어찌 되었든 소비사회의 한가운데를 지내 온 사람들이 초기 '한류'의 소비자라는 것이다. 다음 장에서는 실제 '한류'를 접한 일본의 여성들을 대상으로 의식조사를 하여, 그녀들을 '한류'의 소비자로 움직인 것은 무엇인지, 그녀들에게 '한류'는 어떻게 자리매김하였는지, 그녀들은 '한류'를 통해서 무엇을 추구하는지 등의 문제를 구체적으로 살펴보고자 한다.

2. '한류' 문화와 일본 여성들

분석 방법으로, 일본 사회 속에서 한국의 영화, TV 드라마, 음악, 그 밖의 한국의 대중문화, 즉 '한류'라고 일컬을 수 있는 문화가 일본의 여성들에게 어떻게 받아들여지는지를 파악하기 위해서 사회의식 조사를 시행하였다. 분석은 2007년 7월에 실시한 "'한류' 문화와 일본의 여성들 - 현대사회 의식조사"의 데이터를 바탕으로 한다. 이 조사는, 삿포

---

[25] 종래의 메인 문화에 반기를 들고 새로운 감성과 가치관을 추구한, 주로 1978년-1987년에 성인이 된 젊은이들(1958년-1967년 출생)을 지칭하는 것으로, 매스컴이 사용한 호칭이다. 이는 오타쿠 제1세대와도 시기적으로 겹친다.

[26] 주로 1960년대 후반부터 1970년대 중반까지 태어난 젊은이들을 가리킨다. 물질적 풍요 속에 성장한 제1세대라고 말할 수 있다.

[27] 연합 뉴스, (2005년 6월 2일).

[28] 연합 뉴스, (2005년 6월 2일).

로시와 근교에 거주하는 여성 중에서 한국어 강좌와 한국 요리교실 등 이른바 문화센터에 다니는 사람들을 대상으로 하여 그중에서 593명에게 우편 발송으로 시행하였다. 응답자는 446명, 회수율은 75.2%였다. 조사 대상이 한국어 강좌와 한국문화센터에 다니는 사람에게 한정되었기 때문에, 조사 결과의 유효성을 고려할 필요가 있다. 하지만 본 연구의 목적은 '한류' 문화를 일반적인 일본 여성들이 어느 정도 인식하고 있으며, 얼마만큼 관심을 보이는지를 조사하는 것이 아니라, '한류'에 관심을 가지고 실제로 '한류' 문화를 접하는 사람들의 '한류' 문화에 대한 생각을 분석하는 데 있기에, 본 연구에서 실시한 분석 방법과 조사 결과도 한 가지 사례로서 타당성이 있다고 볼 수 있겠다.

〈표2〉 세대별

세대별	인원(명)	백분율(%)
10대	14	3.1
20대	13	2.9
30대	59	13.2
40대	131	29.4
50대	163	36.5
60대	64	14.3
70대	2	0.4
합계	446	100.0

우선, 분석에 사용한 속성으로 설문 조사 참가자의 연령을 〈표2〉로 분류하였다. 구성은 10대가 3.1%(14명), 20대가 2.9%(13명), 30대가 13.2%(59명), 40대가 29.4%(131명), 50대가 36.5%(163명), 60대가 14.3%(64명), 70대 이상이 0.4%(2명)이다. 전체 분포에서 40대와 50대가 66%(294명)로 높은 비율을 차지하는데, 이는 초기 '한류'의 주요한 소비자로서 중장년 여

성에 주목하는 미디어와 비슷한 결과임을 알 수 있다.

〈표3〉의 직업별 구성에서는, 파트타임이 20.0%(89명), 비정규직(파견사원 포함)이 8.1%(36명), 정규 사원이 14.3%(64명), 자영업이 3.1%(14명), 전업주부가 42.2%(189명), 학생이 4.5%(20명), 기타가 7.6%(34명)이다. 자영업 등을 포함하여 밖에서 일한다고 대답한 사람이 44.5%(203명)로, 전업주부의 42.4%(189명)보다 약간 높다. 직장을 다니는 사람은 시간적으로 더 제약을 받을 것으로 생각되지만, 그럼에도 불구하고, 이렇게나 많다는 것은 주목할 만한 점이다.

〈표3〉 직업별

직업별	인원(명)	백분율(%)
파트타임	89	20.0
비정규직	36	8.1
정규직	64	14.3
자영업	14	3.1
전업주부	189	42.4
학생	20	4.5
기타	34	7.6
합계	446	100.0

〈그래프1〉은 '당신 자신에 대해서 묻습니다(복수 응답 가능)'라는 질문에 대한 응답을 그래프로 나타낸 것이다. '한류' 문화를 즐기는 사람들 중에는 '미하(ミーハー)'적인 사람이 많다는 것이 미디어가 전달하는 스테레오타입의 이미지이다. 하지만 그러한 '미하(ミーハー)'적인 경향을 나타내는 사람, 즉 '즐겁게 살고 싶다'(74.7%), '정신적으로 유연해지고 싶다'(57.6%)고 바라는 사람이 높은 반면에, 많은 사람들이 '지식과 능력을 향상시키고 싶다'(78.9%)고 생각했다. 또한 '어려운 일이나 귀찮은 일은 생

각하지 않는다'(26.7%)는 사람보다는 '은혜를 소중히 여긴다'(53.4%)는 사람과 '사회의 규칙을 중시한다'(46.6%)는 사람이 많다. 더욱이, '유행에 민감하다'(17.5%)고 답한 사람보다는 '자신만의 규정을 가진다'(41.3%)는 사람이 많은 것을 알 수 있다. 즉, 특정하게 눈에 띄는 행동으로 미디어에서 다루어지는 일부 '한류' 팬의 이미지를 모든 사람들의 이미지로 일반화시키는 것은 잘못된 것이라고 볼 수 있다.

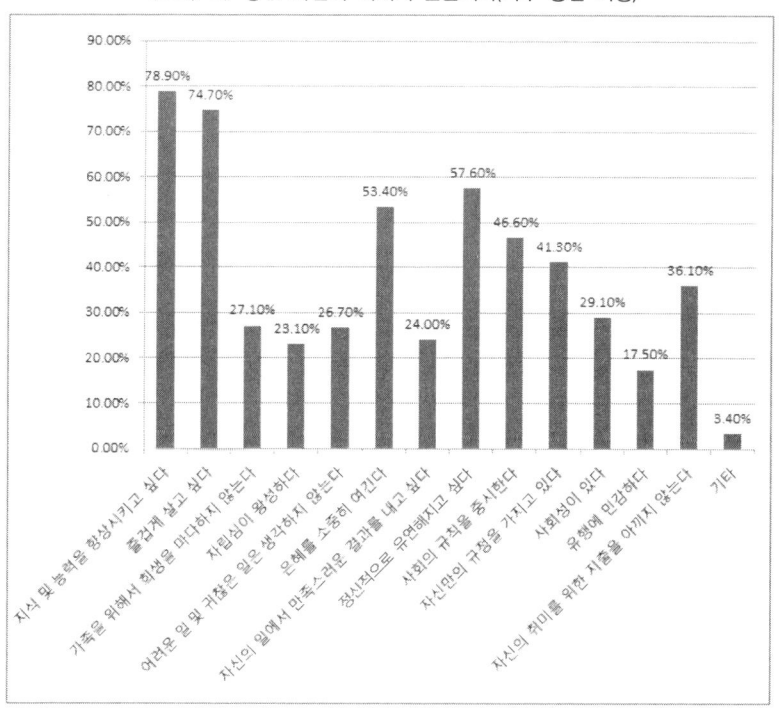

〈그래프1〉 당신 자신에 대해서 묻습니다(복수 응답 가능)

〈그래프2〉는 '당신은 여가 시간을 어떻게 보내고 있습니까?(복수 응답 가능)'라는 질문에 대한 것이다. '무언가를 배우러 다닌다'(74.7%)고 대답한 사람이 둘째로 높은 것은 대부분의 조사 대상이 한국어 강좌의 수강생인 이상 당연한 결과라고 생각하지만, '드라마를 본다'(75.1%)와 '영화를 본다'(46.4%)는 사람의 비율이 높게 나타나는 것은 '한류' 문화에 접하는 사람들이 아니고는 생각할 수 없는 결과이다. 역시 드라마가 커다란 의미를 지니고 있다. 더욱이 〈그래프3〉에서 알 수 있듯이, 조사 대상자 대부분의 사람들은 현재 '한류'를 즐기는 사람들이다. 〈그래프2〉의 무언가를 배우러 다니는 경향과 관련지어서 생각해 보면, 즐기면서 배우는 그녀들의 라이프 스타일과 맞아떨어진다고 할 수 있다.

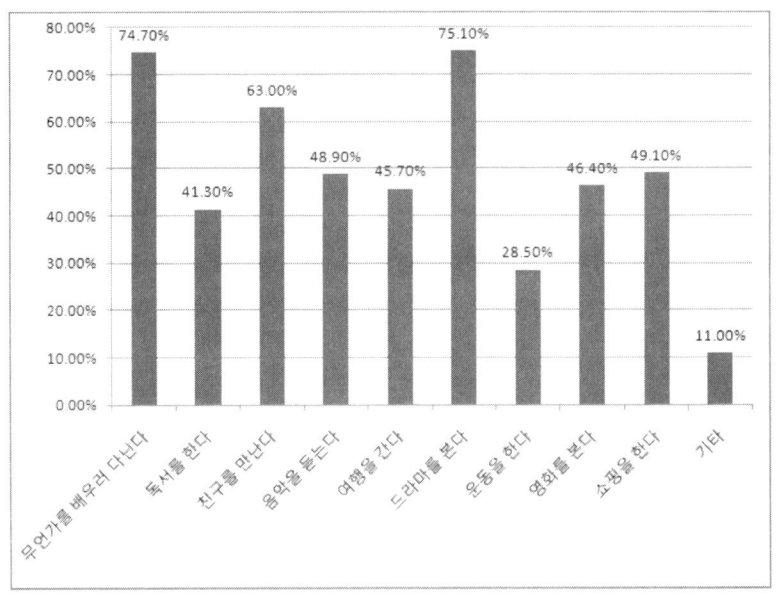

〈그래프2〉 당신은 여가 시간을 어떻게 보내고 있습니까?(복수 응답 가능)

〈그래프3〉 당신은 현재 '한류'를 즐기고 있습니까?

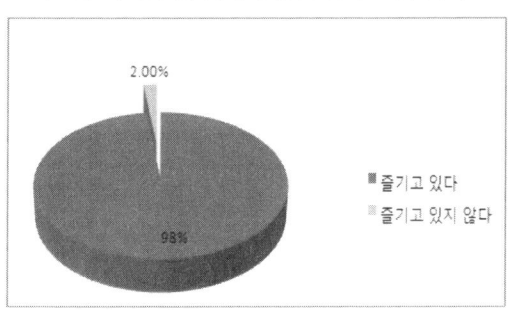

　〈그래프4〉의 '『겨울연가』를 본 적이 있습니까?'라는 질문에 대해서는, '한류'를 즐기고 있다고 대답한 사람(437명) 중에서 '있다'고 대답한 사람이 94.1%(411명), '없다'고 대답한 사람이 5.95%(26명)이다. 일본 사회에 '한류' 붐을 일으킨 계기가 된 드라마였기에, 이 드라마를 좋아하는지의 여부와는 상관없이 당연한 결과라고 생각한다. 〈그래프2〉에 나타나듯이, 여가 시간에 드라마를 보면서 지낸다고 대답한 사람이 75.1%(335명)나 되는데, 이는 원래 드라마를 좋아하는 것이 계기가 되어 '한류'에 친숙해졌다고도 생각해 볼 수 있다.

〈그래프4〉『겨울연가』를 본 적이 있습니까?

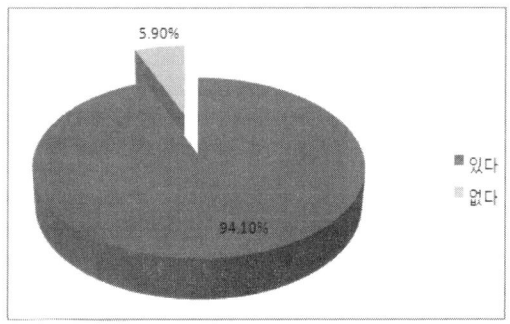

그렇다면 '한류' 드라마를 보게 된 계기는 무엇인가? 〈그래프5〉에서 알 수 있듯이, '가족·친구·지인으로부터 권유'(45.6%)가 가장 높다. 이것은 여성들의 일상생활에서 사람과의 관계가 매우 중요하다는 것을 시사하는 바이다. 이른바 입소문이다. 입소문이 유효하게 기능하는 기본적인 인간관계가 이미 존재하고, 그러한 인간관계가 공통의 화제를 만들어내며, 나아가 커뮤니티를 확대해 가면서 지속적인 연결 고리를 만들어간다는 것이다. 다른 한편으로는 개개인의 새로운 활동을 촉진시킨다고 예상할 수 있다.

〈그래프5〉 한국 드라마를 보게 된 계기는 무엇입니까?

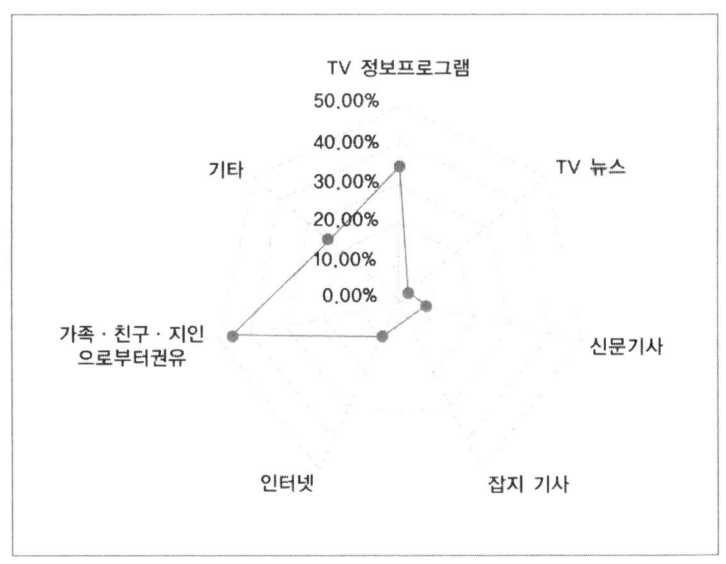

상품으로서의 한류 문화

〈그래프6〉 '한류'를 접하면서 새롭게 시작하게 된 것을 고르세요(복수 응답 가능)

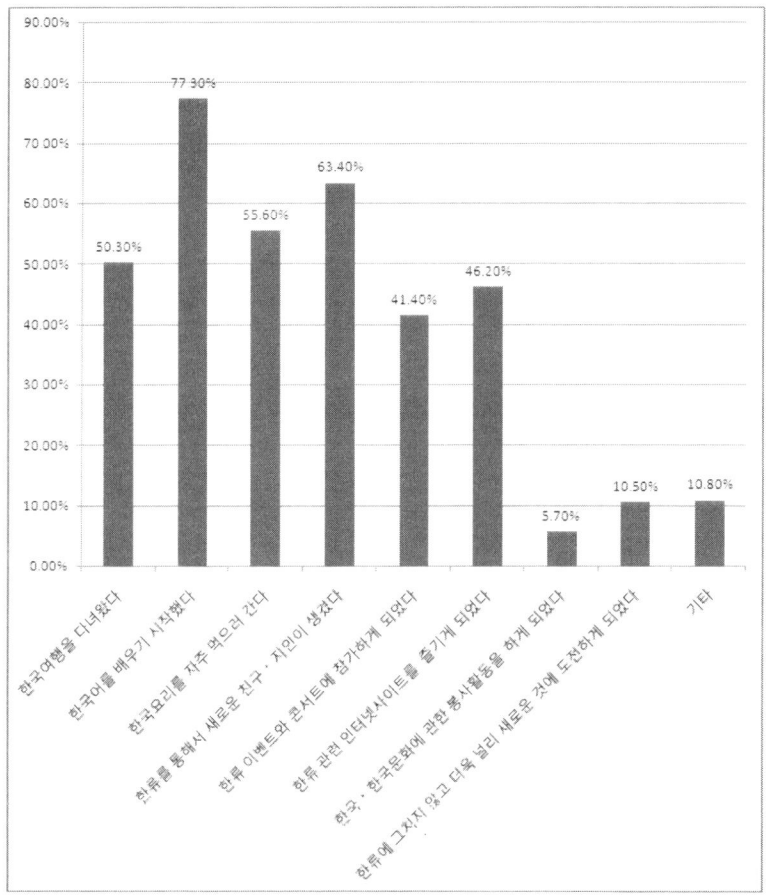

새로운 활동으로는 어떠한 것이 있는가? 〈그래프6〉은 그것을 나타낸다. 한국어 강좌의 수강생이 주요 대상이기에 '한국어를 배우기 시작했다'(77.3%)고 대답한 사람이 가장 많은 것은 당연한 결과라고 볼 수 있다. 하지만 그 다음으로 많은 것이 '한류를 통해서 새로운 친구·지인이 생겼다'(63.5%)고 대답한 사람이라는 점에서, 여성 스스로 자신의

'라이프 스타일'을 만들어가면서 사람과의 관계를 중시한다는 것을 느 낄 수 있다. 그러나 그것은 보드리야르가 말하는 소비이론과 같이 지위의 과시를 지향한다기보다는, 일종의 집단 작업과 같아 보인다. 앞에서도 설명하였듯이, 한국어를 함께 학습하거나, 한국 요리와 한국 드라마를 함께 즐기면서 자신들의 커뮤니티를 확대해가고 있는 것이다.

일종의 쿨한 연결 고리를 형성해 가는 것이 아닐까? 그렇게 생각할 수 있는 것은 〈그래프7〉에서 알 수 있듯이 '당신에게 있어서 '한류'란 무엇인가(복수 응답 가능)?'라는 질문에 대한 대답으로 '일상의 즐거움'이 76.4%(334명), '취미를 넓히는 수단'이 36.2%(158명), '사람과의 커뮤니케이션을 원활하게 하는 화제 만들기'가 23.3%(102명)나 되기 때문이다. 한국어 강좌의 수강생이 주요 대상이기 때문에, 역시나 '어학력 향상의 수단'이라고 대답한 사람이 67.1%인 것은 당연한 결과이다. 하지만 이에 그치지 않는다. 이것은 '일상의 즐거움'이며 '마음 편안해지는 존재'며 '취미를 넓히는 수단'이며 '커뮤니케이션을 원활하게 하는 수단'이다. 이는 '한류'가 그녀들의 일상생활 속에 깊이 침투했다는 것을 의미한다.

〈그래프8〉에서 '기억에 남는 한국 드라마를 고르시오(복수 응답 가능)'라는 질문에 대해서는, '한류'를 즐기고 있다고 대답한 사람(437명) 중에서 가장 많은 사람들이 선택한 드라마가 『대장금』으로, 66.1%(289명)에 이른다. 그 다음 순으로는 『내 이름은 김삼순』이 53.5%(234명), 『궁』[29]은 42.6%(186명), 『파리의 연인』[30]이 42.3%(185명), 『가을동화』[31]는 39.8%

---

[29] 아날로그와 디지털 세계의 만남에서 만들어진 클래식과 모던이 크로스오버된 퓨전 궁중 이야기이다. 19세기와 20세기의 만남에 대한 스토리로, 한국에서 사라진 이미지인 '노블레스 오블리주'를 추구하는 내용이다.

[30] 최고 시청률 57.4%로 대성공을 거둔 드라마이다. 스토리 전개상 한국판 '프리티 우먼'이라고도 볼 수 있지만, 자립심이 강한 여자 주인공의 등장은 새로운 신데렐라 스토리라고 할 수 있다.

(174명), 『호텔리어』[32]가 38.9%(38.9%), 『올인』[33]은 35.7%(156명), 『슬픈 연가』[34]가 23.3%(102명), 『주몽』[35]은 17.4%(76명) 순이었다.

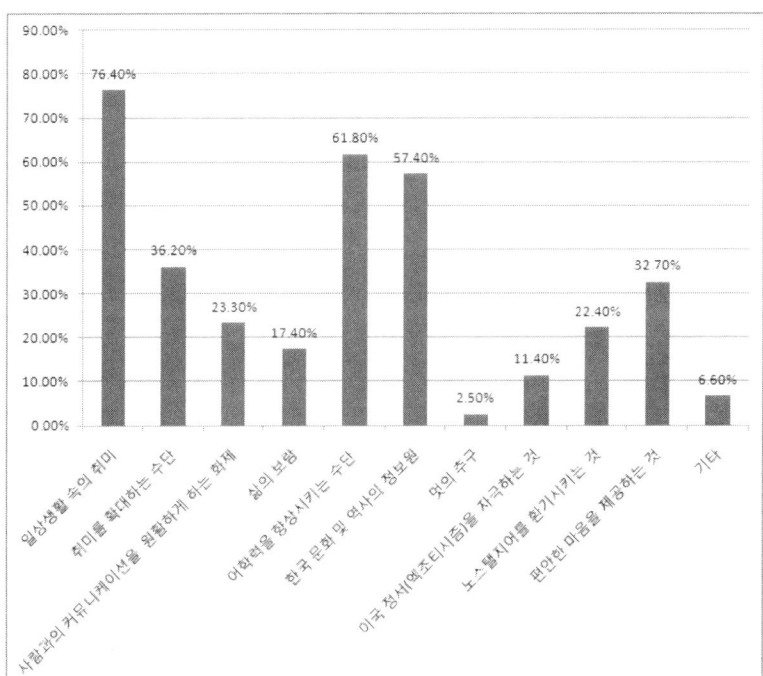

〈그래프7〉 당신에게 있어서 '한류'란 무엇인가?(복수 응답 가능)

[31] '한류' 붐에 불을 지폈던 『겨울연가』의 윤석호 감독이 사계를 소재로 기획한 작품 중 하나이다. 사이좋은 남매로 자란 남녀 주인공, 하지만 산부인과에서 여동생이 뒤바뀐 사실이 밝혀지면서 생이별을 하게 되는데 10년 후에 재회를 하면서 서로에 대한 애절한 사랑이 가을의 아름다운 영상과 함께 그려진다.

[32] 경영난에 빠진 일류 호텔을 무대로 하여, 매수와 재건을 둘러싼 일과 사랑을 그린 드라마이다.

[33] 도박사 밑에서 자라난 주인공이 밑바닥 사회에서 희대의 갬블러로 성공을 거두게 되는 과정을 그린 남성 드라마이다.

[34] 순수한 사랑, 남자들의 우정, 예술가들의 험난한 인생을 이야기하는 드라마이다.

[35] 고구려 건국을 둘러싸고 영웅의 탄생과 사랑을 이야기하는 드라마이다.

〈그래프8〉 '한류' 드라마 속에서 가장 기억에 남는 드라마는 무엇인가?(복수 응답 가능)

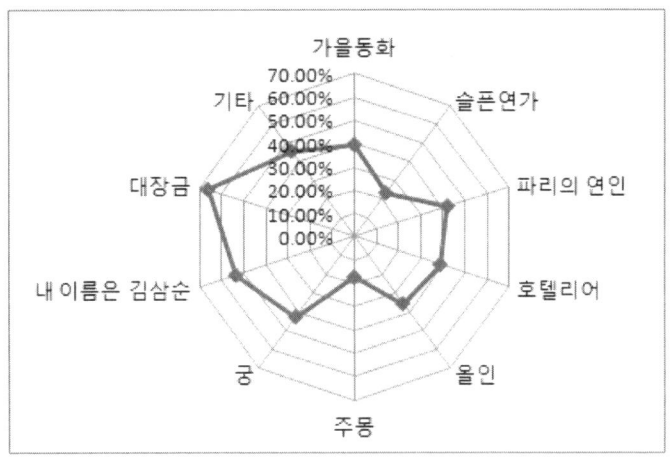

가장 기억에 남는 드라마로 뽑힌 『대장금』은 16세기 조선 시대를 배경으로 하는 시대극이다. 임금으로부터 '대장금'이라는 칭호를 받은 전설적인 인물 장금의 파란만장한 생애를 소재로 한 것으로, 역사상 별로 다루지 않았던 여성의 성공 사례를 그린 작품이다. 실존 인물인 주인공 장금(이영애 분)은 남존여비의 봉건적 체제에 굴하지 않는 집념과 의지로 궁중 최고 요리사가 되고 이후 우여곡절을 거쳐 다시 이씨 조선 최초의 여의사로 성장한다. 그 후 의사로서의 능력을 높이 평가받아 임금의 주치의가 되는데, 이는 어의를 비롯해 다수의 내의원(궁중 의사)이 남자 의사의 점유물이었던 당시의 시대 배경을 생각하면 전무후무한 사건이었다.

다음으로 많은 사람들이 선택한 드라마 『내 이름은 김삼순』은 "자립심이 높은 여자 주인공의 일과 사랑을 그린 로맨틱 코미디"[36]를 기획

---

36 2007년 삿포로에서 개최된 'NPO 한일문화포럼'의 강연회 내용을 참조(강연자로는 한국 초대 문화관광부 장관을 역임한 이어령 선생님과 『내 이름은 김삼순』의 김윤철 감독이 내한

아이디어로 하는 현대풍 한국 드라마이다. 일반적으로 '한류' 드라마라고 하면 일본에서는 예전의 '빨강 시리즈'[37]와 '오후 드라마'[38]와 같은 막장 드라마를 연상하는 사람들이 많다. 어쩌면 그러한 드라마이기에 중장년 여성들 사이에서 화제가 되어 인기를 끌었다고 생각하는 경향을 읽을 수 있다. 그러한 점이 전혀 없다고는 할 수 없으나, 남성 중심 사회 속에서 자신의 의지를 굽히지 않고 마지막까지 목표를 달성하는 여자 주인공 '장금'과, 지금까지 드라마에 흔히 있을 법한 수동적인 신데렐라 이미지에서 탈피한, 독립심 강한 파티쉐 '김삼순'이 등장하는 드라마가 가장 기억에 남는 '한류' 드라마 순위에 들었다는 것은, 미디어에서 전달하는 이미지에는 스테레오타입의 '한류' 드라마가 있음을 알 수 있는 결과이다.

설문 조사 마지막에 '한류'에 대한 의견과 생각을 물어본 결과, 446명 중에서 159명이 다양한 생각을 적어 주었다. 분석 결과, '상호 이해', '역사와 문화에 대한 흥미', '노스텔지어', '친구의 폭을 넓히기'와 같이 네 가지 주요한 내용으로 정리할 수 있었다. 다음 장에서는 응답자의 생각을 소개하면서, 각각의 개념과 함께 일본의 여성들이 '한류' 문화를 통해서 소비하는 것은 무엇인지를 다시 한번 생각해 보고자 한다.

하였다).

[37] 빨강드라마 시리즈는, 동경방송(TBS)이 다이에 TV와 공동으로 1974년부터 1980년에 걸쳐서 열 작품을 제작한 휴먼서스펜스 드라마 시리즈의 총칭이다. 당시 인기 절정이었던 야마구치 모모에가 열 작품 중 여섯 작품에 출연하였으며, 더욱이 그중 세 작품에서 주연을 담당하였다. 온갖 시련과 곤란에 부딪혀도 긍정적으로 헤쳐 나가는 여성의 모습을 그려내며 엄청난 인기를 자랑하는 장수 시리즈가 되었다(출전: 프리백과사전, 『위키피디아』).

[38] 오후 드라마란, 평일 오후 1시에 방송되는 TV 드라마의 총칭이다. 장르별로 구별하면 '가족 간의 애정', '막장 드라마의 애증극', '온천지 등의 직장에서의 고군분투기'를 그린 드라마이다. 모든 장르가 주요 시청자층을 의식하여서인지 여성이 주인공이다.(출전: 프리백과사전, 『위키피디아』).

3. 키워드로 알아보는 '일본 한류'

한국이라는 국명으로만 한국을 나타냈던 시대를 생각하면, 지금은 '한류'라는 표현으로 한국이라는 나라를 나타낼 수 있는 시대가 되었습니다. 그것은 친근감이라고 생각합니다. 그것을 만든 것이 아줌마들이라고 하더라도, 많은 분들이 전후에 태어난 분들입니다. <u>유행이라고 하면 무언가 경박하게 생각되어지지만, 한편으로 유행이라는 것은 '사회현상'이라고 생각합니다. 사회현상을 만들어 낼 만큼 한국은 매력이 있다고 생각합니다. 앞으로도 한국의 매력에 빠져들고 싶습니다.</u>
(50대, 전업주부)(밑줄은 필자에 의한 것이다. 이하 동문).

『겨울연가』를 보고 나서 다른 여러 가지 '한류' 드라마를 보게 되고, 한국에 흥미를 가지게 되었습니다. 손윗사람을 존경하는 마음과 태도에는 항상 감동을 받습니다. 지금 일본의 현상과 비교해 보면 참으로 부끄럽습니다. 같은 아시아인데 자신의 생각을 확실히 이야기하는 것도 일본인에게는 없는 부분으로, 재미있습니다. <u>가깝고도 먼 나라가 가깝고도 가까운 나라가 되었습니다. 앞으로도 좋은 점은 서로가 인정하고 이해하면서 사이좋게 지냈으면 합니다.</u>
(50대, 전업주부)

제1장에서는 '대중문화'의 산업화에 대해서, '문화산업'이라는 말을 처음으로 사용한 프랑크푸르트학파 입장에서 Cultural Studies와 현대 소비사회이론에 이르기까지 다양한 관점을 살펴보았다.

우선, 프랑크푸르트학파는 당시의 영화가 나치 정권의 정치적 도구로서 대중을 조작하던 점을 두려워하여 '대중문화'의 산업화를 부정하였다. 하지만 일본 사회에서 '한류'의 확산은 미디어로부터 일방적으로 전달된 것이 아니다. 모리 다카유키(2004)가 지적한 바처럼, "『겨울연가』의 팬은 드라마 시청뿐만 아니라 한국 문화 전체에 대한 관심을 나타내며, 팬미팅을 기획하거나 한국 여행(『겨울연가』 투어)에 참가하고 한국어 공부를 시작하는 등 활동을 넓히고 있다."[39]는 것이다.

　이와 같은 '한류' 팬의 행동에 대해서 각종 미디어 보도는 어차피 '미하(ミーハー)'적인 아줌마들의 일시적인 소동에 지나지 않을 것이라는 냉소적인 반응이 많은 것이 사실이다. 하지만 그런 대응에 저항감을 갖는 '한류' 문화의 능동적인 소비자는 '유행한다는 것' 자체가 하나의 '사회현상'이라고 단언한다. '사회현상을 일으킬 정도로 한국에는 매력이 있다'는 말 안에는, 소극적이기는 하지만 스스로에 대한 자신감이 보인다. '사회현상'을 만들어 낼 만큼의 파워가 일본의 '아줌마'들에게 있다는 자신감이 느껴진다.

　한편, 포스트모더니즘적인 입장은 현대 소비사회에서 '대중'과 '대중문화'를 생각하면서, '소비문화'의 발전에 반비례하여 정치의식의 희박해지는 것과 사회에 대한 비판력의 마비가 표면화하는 것을 중요한 문제로 든다. 하지만 본 조사에서 살펴보았듯이, '한류' 문화에 접하는 사람들은 단순히 오락의 수단으로 '한류' 드라마를 보는 것이 아니다. 일본 내 현상과 한국을 비교하면서 일본인이 잊고 있는 '손윗사람을 존경하는 마음'과 같이 예전의 순수하고 따뜻했던 시절에 대한 '노스탤지어' 및 한일 관계의 '상호 이해'와 같은 문제를 생각하고 있다. '한류' 문화의 소비자인 여성들의 '사회성'을 느낄 수 있는 부분이다.

　다음은 각각의 키워드와 설문 조사 내용에서 읽을 수 있는 그녀들의 생각을 구체적으로 살펴보고자 한다. 첫 작업으로, '한류' 문화를 통해서 재발견한 한국과 자국의 관계를 두고 이제는 수수방관할 수만은 없게 된 '한류' 소비자의 변화를, 그녀들이 호소하는 '상호 이해'라는 키워드로부터 구체적으로 생각해 보고자 한다.

39　毛利嘉孝編, 『日式韓流』, p.16.

1) 상호 이해

선행 연구에서 모리 다카유키(2004)는, 『겨울연가』 팬의 행동을 분석하면서 "전통적인 의미에서는 아직 정치적이지 않지만, 일상생활 레벨에서는 여러 가지 정치적 요소에 휩싸여 있으며, 동시에 다양한 정치적 가능성을 품고 있다."[40]라고 지적하였다.

> 내가 느낀 정치적인 가능성은 그 팬의 능동성이다. 인터뷰에 협력해 준 팬들은 잡지와 인터넷에서 정보를 수집하거나 인터넷을 통해서 발신하거나 새로운 정보 기술을 습득하거나 한국어 공부를 시작하거나 한국으로 여행을 떠나거나 그 여행의 보고회를 조직하며, TV 시청을 다양한 형태로써 자신의 능동적인 문화적 활동으로 재편성하였다.[41]

미지의 세계이던 한국이 지금은 '한류'를 계기로 가까운 존재가 되었다. '한류' 소비자들은 한국에 대한 흥미를 충족시키기 위해서 미디어로부터 부여받은 정보에 그치지 않고 능동적인 행동을 개시했다. 인터넷을 통한 정보 수집을 위해 컴퓨터를 사용하기 시작하였고, DVD 감상을 즐기기 위해서 새로운 기기를 구입하였으며, 영상 속의 간접적인 한국이 아니라 실제의 한국을 자신의 눈으로 확인하고 싶어서 여행을 떠났다. 좀 더 깊이 한국을 이해하고 싶은 마음에 한국어를 배우는 등 일련의 행동이 이루어지고 있다. 한일 양국이 국가 간 정치 레벨에서 이루지 못하였던 상호 이해의 견해차를 '일상생활의 레벨'에서 이루고자 하고 있다. 이러한 변화로부터 '정치적 가능성'의 싹이 틀 것을 모리는 기대하는 것이다.

---

40 毛利嘉孝編, 『日式韓流』, p.48.
41 위의 책, p.49.

더욱이 하야시 가오리(2005)는 『겨울연가』를 통해서 양국의 정치성을 이야기할 때, 독자적으로 실시한 조사에서 한일 정치 역사에 관한 보도에 주목하게 된 사람이 39.4%나 있는 점과 재일 한국인과 재일 조선인의 역사에 관심을 보이는 사람이 25.5%라는 점에서, "『겨울연가』는 활동가를 많이 배출하지는 못하였다고 하더라도 일본 사회에 한국과 일본의 관계에 민감한 새로운 퍼블릭을 양산하고 있음을 예감하게 한다."[42]라고 긍정적으로 분석하였다.

결국, '한류'를 통해서 무언가 명확한 정치성이 생겨났다고는 딱 잘라 말할 수 없지만 '새로운 퍼블릭을 양산하고 있음을 예감'한다든지 "정치적 가능성을 품고 있다."는 표현에서는 앞으로 밝은 전개에 대한 기대감을 읽을 수 있다. 그렇지만 어떻게 하면 이 기대감을 현실화시킬 수 있느냐 하는 것이 문제이다. 본 조사에 응해준 사람들의 의견을 근거로 생각해보자.

> '한류'는 하나의 붐입니다만, 일본과 한국이 가까워질 수 있는 좋은 계기가 되었다고 생각합니다. 저 자신도 한국에 대해서 모르는 것이 많이 있었습니다만, 이 붐 덕분에 여러 가지를 알게 되었습니다.
> (40대, 비정규직)

> 이전에는 한국에 대해서 그다지 정보도 없고, 문화와 생활 습관 등도 알 수가 없었습니다만, 드라마와 영화 붐에 의해 매우 닮은 점, 혹은 지리적으로 가까우면서도 다른 점 등을 조금씩 알게 되었습니다. 앞으로 다양한 교류의 장이 펼쳐져 엇갈릴 때도 있을지 모르지만, 서로의 차이 등을 알게 되고 서로를 이해하면서 사이좋게 되지 않을까 생각해 봅니다. '한류'를 계기로 서로 가까이 할 수 있었기에, 앞으로도 변함없이 따뜻한 교류가 이어지기를 바랍니다. 국민성은 조금 다를지라도 두 나라의 사람들

---

42 林香里, 『学環』, p.75.

은 정말로 마음 따뜻한 사람들이 많다고 생각합니다. 앞으로도 손을 잡고 함께 걸어갑시다. (30대, 파트타임)

처음 『겨울연가』를 보았을 때는 정말로 충격이었습니다. 아사히신문에 실렸던 작은 칼럼에서 이 드라마의 존재를 알게 되었고 한 번 보았습니다. 보자마자 완전히 '포로'가 되어 버렸습니다. 그때는 아직 주변에 한국에 흥미를 가지고 있는 사람이 없어서 혼자 음악 CD를 사거나 책을 사거나 많지 않은 정보를 모으곤 했습니다. 지금도 한국에 대해서는 변함없습니다. 한국 방문도 5번, 한국어도 라디오와 CD로 매일같이 듣고 있습니다. 예전에 한국 분들이 일본에서 부당한 취급을 당한 적이 많은 것 같습니다만, 저는 그런 뉴스를 들을 때마다 '왜?' 하고 생각했습니다. '한류' 이후로 한국에 대한 이해가 아주 깊어졌다고 생각합니다. 그리고 그것은 정말로 잘된 일이라고 생각합니다. 겨우 한 편의 드라마가 이렇게도 두 나라에 영향을 끼친 것이 놀랍기 그지없습니다. 이 기회를 놓치지 말고 가까운 나라끼리 더욱 사이좋게 지냈으면 하고 진심으로 바랍니다. 저는 앞으로도 더욱 한국을 알아가고 싶습니다. (40대, 파트타임)

원래는 역사 배경에 흥미가 있던 나라였지만, 뉴스에서 다루고 있는 한국은 '반일'에 관한 내용뿐, 20년 전에 유학을 하였던 미국에서 만난 한국 여성도 '일본사람 싫다'는 반응으로 완전히 싫어하는 나라 중 하나가 되었습니다. 그것을 풀어준 것이 문화의 하나인 드라마라는 것은 참 아이러니한 일입니다. 한국에서 문화가 흘러오고 있으므로 일본 사람에게 전달되지 않을 이유가 없습니다. 한국 사람이 일본 사람을 싫어하는 마음을 정확히 아는 사람이라면, 깊은 관계의 교류가 가능하다고 믿습니다. 이어령[43] 선생님도 말씀하셨듯이 "우리들은 아시아 사람이므로 협력해 나간다면 필시 좋은 문화를 만들 수 있을 것"입니다. 이것이야말로 일본인의 가치관을 바꾼 '한류'라고 생각합니다. 아시아가 하나로 통일되어 커다란 흐름을 만들 수 있도록, 젊은 세대들이 노력해주었으면 합니다. (40대, 전업주부)

---

[43] 문학평론가・수필가・교육자(전 이화여자대학교 교수)로서 초대 문화관광부 장관을 역임하였다.

> 한국과 일본의 역사를 알게 되면서, 정말 깊은 반성을 한다고 해도 말로는 다 표현할 수 없는 일본의 죄를 느낍니다. 원래 나라와 나라가 충분히 화해를 했어야 하는 부분입니다만, 그것이 애매모호했다고 생각합니다. <u>'한류'는 단지 일본인이 한국 드라마와 배우를 동경하는 것이라기보다는, 이 드라마를 통해서 일본인이 잊고 있었던 것을 깨닫게 해 주는 것입니다. 부모의 정과 예의 등…. 그리고 『겨울연가』를 계기로 한국에 대해 친근감을 느끼게 하며, 지금까지 매우 멀게 느껴졌던 나라가 그립고 호감이 생깁니다. 많은 사람들이 그러한 것을 바라면서도 커다란 벽에 부딪혔지만, 그 바람이 이루어진 계기가 드라마였다고 생각합니다.</u>
> (50대, 파트타임)

'한류'를 접하면서 '(거리적으로) 가깝고 (교류하기에는) 먼 나라'에 대한 무관심에서 '(거리적으로) 가깝고 (생활 모습도) 가까운 나라'에 대한 관심으로 변하였다. 그녀들은 '한류'라는 '대중문화'를 '단순히 일본인이 드라마와 배우를 동경하는' 것과 같은 일상의 오락으로 즐기는 것에 그치지 않고, '한일 우호 관계'라는 사회의식으로까지 승화시켰다. 이처럼 '한류'에 대한 생각을 들어 본 결과, 응답자의 답변에서 많이 보이는 것 중 하나가 '상호 이해'라는 표현이다. 이것은 한국과 일본의 관계에 있어 단순한 타문화 이해의 어려움이라기보다는, 전전(戰前)의 역사 문제에 입각한 후에야 그러한 이해가 성립될 수 있다는 특별한 의미를 내포한다.

여기서 '상호 이해'라는 말의 의미에 주의를 기울일 필요가 있다. '한류를 계기로 서로에게 가까워질 수 있었다'든지, '겨우 한 편의 드라마가 이렇게도 두 나라에 영향을 끼쳤다'는 생각에는, 이미 이쪽(일본)은 이해한다고 믿는 듯하다. 일본인인 '내'가 '가까워졌다'고 느끼고, '영향을 끼쳤다'고 생각하는 것이다. 하지만 마음에 걸리는 것은 한국인은 일반적으로 그것을 어떻게 보고 있느냐는 것이다. 일본인은 영향을 받았는지 모르겠지만, '한류'를 통해서 일본인이 한국에 가까워졌으나 한국인은 여전히 가까워지지 않았다면 그것은 '상호 이해'라고 말하기 어렵다. 진정한 '상호 이해'를 실현하기 위해서는 한국 측의 노력이 필요하다. 게다가 상대를 이해한다는 것은 완전한 '일체화'를 의미하는 것이 아니라, 서로 다른 점을 인정하면서 받아들이는 자세가 중요한 것이다.

한일 양국의 관계는 '역사 문제'와 같은 특수한 관계를 내포한다. 다른 국가 관계가 제로에서 시작한다고 가정하면, 한국과 일본의 관계는 마이너스에서 시작한다. 한국이 바라보는 일본은 전전(戰前)의 가해자 이미지가 베이스에 깔려 있다. 한편, 일본이 바라보는 한국은 '(거리적으로) 가깝고 (교류하기에는) 먼 나라'의 이미지가 강하다. 그랬던 것이 '한류'로 인해 지금까지 멀리하던 이웃 나라의 존재를 깨닫고, 나아가 자국과의 관계에서 '손을 잡고 함께' 나아가고 싶은 국가로, 한국에 대한 이미지가 급변하였다.

이와 같은 변화가 이상적인 '상호 이해'로 끝나는 것이 아니라, 현실적인 것이 되기 위해서 선행해야 할 것은 무엇인가? 국가 간 '상호 이해'는, '그러하다'라는 현상에 안주하여 무언가를 함께 '한다'는 행위, 즉 이상('상호 이해')을 현실화하는 행동이 이루어지지 않는다면 어떠한 진전도 있을 수 없다.[44] 과거 10년간 한일 관계는 1996년 월드컵 한일

---

[44] 생각에만 멈추지 않고 어떠한 행동을 실천에 옮기는 것에 대한 중요성을 다음의 글을 통해서 설명하고자 한다. "학생 시절에 스에히로(겐타로) 선생님께 민법 강의를 들을 때, '시효' 제도에 대해서 다음과 같은 설명을 들었던 것을 기억합니다. 돈을 빌려준 사람이 재촉하지 않은 것을 이유로 돈을 빌린 사람이 슬쩍 시치미를 떼, 결국 양심 불량의 사람이 득을 보고 돈을 빌려 준 마음 약한 선한 사람은 손해를 보는 결과에 이르는 것은 일견 인정미 없는 이야기처럼 생각될 수 있지만, 이 규정의 근거에는 권리상 오래도록 잠자고 있는 자는 민법의 보호를 받을 수 없다는 취지가 포함되어 있습니다. 이 설명에 나는 '과연 (그렇구나)'이라고 생각함과 동시에 '권리상 잠자고 있는 자'라는 말에 묘하게

공동 개최 결정을 시작으로, 1998년 '한일 공동선언'[45], 2002년 '월드컵 한일 공동 개최'라는 능동적 전개로 조금씩 그 틈을 좁혀 왔다. 그동안, 상호 교류와 한국에서의 '일본 대중문화 개방'이 양국의 역사 문제 인식의 차이로 한때 중단된 적도 있지만, 2002년 월드컵 한일 공동 개최와 같이 무엇을 함께 '한다'는 행동은 양국 관계를 개선하는 데 지극히 커다란 역할을 다한다고 말할 수 있다.

한일 간의 '상호 이해'에서 '한류'는 양국의 공통 키워드로, 서로 간의 대화를 원활하게 하거나 상호 관계의 개선에 연결되는 행동을 일으키는 계기가 되었다. 본 조사의 결과에서도 살펴볼 수 있듯이 '한류'를 접하고 나서 한국을 '(거리적으로) 가깝고 (생활 모습도) 가까운 나라'라고 생각하게 되었다는 이 '가까움'은 일본 여성들의 '라이프 스타일'에도 변화를 불러일으켰다. 우선 〈그래프6〉과 같이, 한국을 더욱 알고 싶은 마음에서 한국어를 배우고(77.3%), '한류' 드라마에서 간접적으로 접해 본 한국을 직접 찾아가서 생생한 한국을 체험하며(50.3%), 소수 의견이기는 하지만, 한국 및 한국 문화와 관련된 봉사 활동을 한다(5.7%)는 등 한국을 이해하려는 다양한 움직임을 살펴 볼 수 있다.

이처럼, '한류' 분학를 통해서 한일 양국의 '상호 이해'를 바라는 것은 단순히 짝사랑이나 양국의 완전한 '일체화'와 같은 환상이 아니라, 자

강한 인상을 받았습니다. 지금 생각해 보면 이 논리, 즉 청구하는 행위로 시효가 중단되지 않는 한 단순히 채권자라는 위치에 안주하고만 있으면 언젠가는 채권을 상실할 수 있다는 논리 속에는, 민법의 법리에 그치지 않는 지극히 중대한 의미가 숨어 있다고 생각합니다." (丸山眞男, 『日本の思想』, p.154)

45 21세기를 향한 한일 파트너십. 1998년 10월 8일에 일본국 내각총리대신 오부치 씨와 대한민국 대통령 김대중 씨가, 1965년 대한민국과 일본의 기본 관계에 관한 조약에 의해서 국교를 결성한 이후 오늘날까지 과거 양국의 관계를 통괄하여, 현재의 우호적인 협력 관계를 재확인함과 동시에, 앞으로 이상적인 한일 관계에 대해서 의견을 교환하는 새로운 한일 파트너십을 구축한다는 공통의 결의를 선언한 문서이다(출전: 프리백과사전, 『위키피디아』).

신의 '라이프 스타일'을 바꾸는 현실적인 행동을 하는 것에 의미가 있는 것이다.

다음 장에서는 '(거리적으로) 가깝고 (생활 모습도) 가까운 나라'로 변한 이웃 나라 한국에 대해 더욱 알고 싶어 하는 마음에서 싹튼 '역사와 문화에 대한 흥미'라는 키워드의 의미에 대해서 생각해 보고자 한다.

2) 역사와 문화에 대한 흥미

<u>'한류'를 계기로</u> 일본과 한국의 민간 레벨의 교류가 활발해졌다고 생각합니다. 사람의 교류, 물질의 교류, 나 자신도 '가깝지만 흥미가 없었던 나라', 어느 쪽인가 하면 불편한 나라였습니다. 하지만 이 4년간 11번이나 한국에 여행을 가고, 한국어뿐만 아니라 <u>한국의 역사, 철학에도 흥미를 가지고, 다양한 책도 읽게 되었습니다.</u> '한류'의 힘, 놀랍습니다!

(50대, 비정규직)

『겨울연가』를 보고 일본인이 잊고 있었던 따뜻한 정과 순수한 마음을 떠올리는 계기가 되었습니다. 가깝고도 먼 나라였던 한국을, 문화를 통해서 일본과의 거리를 좁힐 수 있게 되어 기쁘게 생각합니다. 『겨울연가』는 그렇게 좋아하는 드라마는 아닙니다. 너무나도 이상적이고 비현실적인 이야기이기 때문입니다. 하지만 배용준의 공적은 정말로 대단하다고 생각합니다. 한국 문화에 별로 흥미가 없는 친구들도 『겨울연가』, '배용준'의 이름은 알고 있으며, 저 자신도 그 덕분에, 다른 드라마와 노래, TV 프로그램 등에 흥미를 가지게 되었습니다. 또한 그로 인해 <u>역사와 문화의 차이를 알게 되는 것은, 자신의 나라를 알게 되는 것도 됨으로 좋은 상승효과라고 생각합니다.</u>

(30대, 정규직)

일본의 TV 드라마조차 보지 않았던 나 자신이 지금 한국 드라마에 <u>빠져 있는 것이 불가사의합니다.</u> 스포츠와 뉴스밖에 보지 않았는데 시간을 효율적으로 사용하게 되었습니다. 무엇이 그렇게 마음을 자극하였는가 하면, 바로 편안함과 그리움, (선정적이거나 자극적이지 않아) 보고 있으면 안심할 수 있는 내용입니다. 일본 드라마는 전개가 빨라서 이해하기가 어렵습니다. 하루의 일을 마치고 돌아와서 집안일을 정리한 뒤, 단 30분이라도 한국 드라마, DVD를 보려고 합니다. 제 눈으로 직접 한국을 보고 싶고, 한국어로 말도 걸어보고 싶습니다. 그리고 실제로 가 보았습니다. 말도 걸어보았습니다. 한국 사람들은 어느 것 하나 실망시키지 않았습니다. 가깝고도 먼 나라였는데 지금은 매우 좋아하는 나라가 되었습니다. 지인이 생기고 일반인의 교류의 폭도 넓어졌습니다. 이것은 분명히 TV 드라마 『겨울연가』가 계기입니다. 한 편의 드라마로 이렇듯 관심을 가지고, 교류를 시작하고, 새롭게 역사를 되돌아보고, 반성도 하며 희망을 가지게 되어 감사하다고 말하고 싶습니다. 가족들도 "생기 있는 어머니 괜찮네."라고 말합니다. 지금까지는 내가 너무 심했나? 가족 모두가 함께 이야기할 수 있는 화제가 늘어났습니다. 행복한 일 아닌가요? 또 손윗사람들에 대한 공경을 떠올리게 해 주었습니다. 사람과 사람의 관계를!

(50대, 파트타임)

'한류'라는 것은 처음에는 늦은 시간에 오래된 드라마를 방송하는 정도로 보았습니다만, 이제는 일본 사람들의 생각과는 전혀 다른 사람들, 얼굴은 닮았지만 지금의 우리들이 잊고 있었던 것을 떠올리게 해 주는 드라마가 많다고 생각합니다. 한국 드라마 덕분에 저는 언어와 역사, 인간에 대해서 더욱 알고 싶어졌습니다. 만약 『겨울연가』를 보지 않았더라면, 지금까지 가까운 나라에서 흥미 없이 살고 있었을 것이라고 생각합니다. 전쟁에 관한 것은 우리들의 학생 시절에는 전혀 배우시 않았습니다. 드라마로부터 많은 역사를 배웠습니다. 한국 드라마, 고맙습니다.

(50대, 전업주부)

일반적으로 미디어에서 전달하는 '한류'란, 과거에 아이돌의 열렬한 팬이었던 경험이 있는 '미하(ミ-ハ-)' 타입의 중장년 여성들이 '욘사마'를 시작으로 다수의 '한류' 스타에 푹 빠져 큰 소동을 일으키는 일시적인 유행으로 이해되는 경향이 있다. 물론 스타 중심의 '한류' 팬층이 단순히 '한류' 스타만을 쫓아 한국 드라마를 보거나 팬미팅과 같은 이벤

트에 참여하거나, 한국 여행을 가는 현상은 여전히 존재한다.[46]

하지만 〈그래프7〉의 '당신에게 '한류'란 무엇인가?'라는 질문에 대해서, 57.4%(251명)가 "한국 문화 및 역사의 정보원"이라고 대답했다. 해당 응답자들은 한국 드라마를 매개로 일본과 비슷한 점, 그러면서도 다른 생활 습관들을 배웠으며, '(거리적으로) 가깝고 (교류하기에는) 먼 나라'였던 한국에 대한 무관심이 관심으로 바뀌었다고 한다. 더욱이 역사 문제로 삐걱거리던 양국의 정치 문제를 두고 한일 관계에 흥미를 품게 되어, 단순히 '왜'라는 의문과 호기심에서 벗어나 새롭게 역사에 관심을 가지게 되었다.[47]

이처럼 '한류'에 대한 생각을 물어본 결과, 응답자의 코멘트에서 많이 보이는 것 중 하나로 '역사와 문화에 대한 흥미'를 들 수 있다. "한편의 드라마로 이렇듯 관심을 가지고, 교류를 시작하고, 새롭게 역사를 되돌아보고, 반성도 하며 희망을 가지게 되어 감사하다고 말하고 싶습니다."는 말이 나타내듯이, 전전(戰前)의 역사 때문에 마이너스에서 출발한 한국과 일본의 관계 및 그 이해를 드라마 같은 오락과 놀이를 계기로 타개하여, '친근하게' 생각할 정도로 회복하였다는 것이다.

또한 '한류' 드라마를 통해서 역사를 새롭게 돌이켜보며 과거를 반성

---

[46] "『겨울연가』는 한국에서 시청률이 높은 프로그램이었다는 '베스트셀러 효과', 소나타와 욘사마 같은 '네이밍 효과', 주연배우의 '탤런트 효과', '출연자와의 만남'과 같이 이벤트 행사가 있는 패키지여행이라든지, 방일 이벤트와 같은 '이벤트 패키지 효과' 등 여행 메커니즘의 대부분을 갖추고 있다고도 말할 수 있다."(황정금, 『MEDIA WORLDWIDE』, 89쪽)

[47] "『겨울연가』가 가장 큰 영향을 끼친 것은, 한국 드라마와 한국 문화, 그리고 한국에 대한 관심의 고조였다고 말할 수 있다. 물론, 이 같은 관심의 상승을 표면적인 것에 지나지 않는 것으로 비판하는 사람도 있지만, (의식조사에서 알 수 있듯이) '한국의 역사를 조사해 보았다.'와 같은 적극적인 행동으로 한국을 알고자 한 사람이 많다는 자체가, 이러한 (표면적인 것에 지나지 않는다는) 비판이 지극히 일부분이라고 말할 수 있다."(황정금, 『MEDIA WORLDWIDE』, 87쪽)

하고, 한일 양국의 미래에 우호적인 '희망'을 품는다. 나아가 "역사와 문화의 차이를 알게 되는 것은, 자신의 나라를 알게 되는 것도 됨으로 좋은 상승효과"라는 말처럼, 다른 나라의 역사와 문화를 정확히 이해하기 위해서라도 우선 자국의 역사와 문화를 이해하고자 하는 사람들이 늘어났다. 문화는 단순히 프랑크푸르트학파가 주장하던 대중조작의 도구가 아니라, 사리를 판단하는 도구가 되었다. 이러한 사람들의 진심이 담긴 교류야말로 한국과 일본의 장래에 희망이 되는 것이다.

다음 장에서는 '한류' 문화를 통해서 '한류'의 소비자들이 알아차리지 못했던 또 하나의 생각, 일본의 순수하고 따뜻했던 시절에 대한 '노스탤지어'가 구체적으로 무엇을 의미하는 것인지 응답자의 코멘트에서 읽을 수 있는 진정한 의미를 구체적으로 살펴보고자 한다.

3) 노스탤지어

    드라마를 통해서 일본인이 잊고 있었던, 부모와 가족을 소중하게 여기는 마음, 손윗사람을 공경하는 마음 등을 떠올리게 되었습니다. 특히 아직 젊은 사람들 사이에서 경어가 똑똑히, 자연스럽게 사용되고 있는 것을 듣고 있으면 마음이 편안해집니다.   (50대, 전업주부)

    어떤 드라마를 보더라도 손윗사람들에 대한 말투와 태도는 보고 있으면 기분이 좋아집니다. 게다가 가족에 대한 배려도 감동적입니다. 예전의 일본도 그러했습니다만, 지금은 잊어버리고 있는 듯합니다. 저는 한국 드라마를 만나게 되어서 기쁩니다. 한국에도 몇 번이고 가 보았습니다. 앞으로의 인생에 즐거움이 늘어나서 기쁩니다.   (50대, 자영업)

    무엇보다 마음속에 깊이 느끼게 된 것은 손윗사람에 대한 배려와 예의입니다. '일본도 예전에는 저랬는데' 하는 생각이 들게끔 하는 드라마였습니다. 옛날에는 일본의 초등학교에도 도덕 시간이 있어서, 손윗사람에 대한 예의와 배려하는 마음을 배웠습니다. 그러했는데, 언젠가부터 '나만 좋으면…' 식의 세상이 되어버려 슬프기 그지없습니다. 다음은 가족을 지키고, 나라를 지키고, 민족을 지키는 정신이 깊이 뿌리내리고 있는 점입니다. 훌륭한 일이라고 생각합니다. 그렇기 때문에 저는 한국의 홈드라마를 매우 좋아합니다. 저는 딱히 좋아하는 '한류' 스타는 없습니다. 큰 소리로 서로 싸우는 어머니와 딸, 곤경에 처해 있는 사람에게 바로 도움을 주려는 아줌마…그런 사람들이 활약하는 드라마를 통해서 한국을 더욱 알고 싶습니다. 이것 또한 '한류'가 아닐까요?   (50대, 파트타임)

어딘가에 두고 온 듯 무언가를 떠올리게끔 하는 것, 촌스럽기는 해도 어딘지 그립고 오늘날 일본에는 없는 좋은 것, 부모를 소중히 여기는 마음, 손윗사람에 대한 예의, 조상을 존경하는 마음 등 오늘날 일본사람이 잊고 있던 것을 환기시켜주는 것이 '한류'라는 것이다.

이처럼 '한류'에 대한 생각을 들어본 결과, 응답자의 답변에서 많이 보이는 것 중 하나로 '노스텔지어'라는 말을 꼽을 수 있다. 이것은 선행연구에서도 이미 명확히 밝혀진 점이다. 반복하여 말하지만, '한류' 붐에는 '순수하고 따뜻한 시절에 대한 노스텔지어'의 마음이 베이스에 깔려 있다. 하야시 가오리는(2005)는 "『겨울연가』를 통해서 일본에 근대적인 한국 이미지가 만들어진 한편, 중장년층의 한류 팬들 사이에서는, 한국의 비근대적인 측면에 대한 노스텔지어를 품는 경향이 강하다."[48]라고 서술하였다.

여기서 언급하는 '노스텔지어'란 한국 드라마를 보게 된 계기라고도 말할 수 있다. 본고에서는 이같이 '한류'를 통해 생겨난, 사람들의 '노스텔지어'에 대해, 그 진정한 의미를 아래의 요모타 이누히코(1996)의 정의를 통해 새롭게 생각하고자 한다.

---

48 林香里,『学環』, p.72.

노스탤지어는 인간이 인생의 어느 시기에 상실해버린 본래의 이상적인 인간관계와 세계관을 둘러싼 추억으로부터 발생한다는 인식이 생겨났다. 때마침 산업혁명 도중이던 유럽에서는 많은 농민이 조상 대대로 내려온 토지를 떠나서, 익명의 프롤레타리아가 되어 도시로 이동하였다. 산업화한 도시에서 급속한 인구 팽창과 환경 변화가 노스탤지어에 빠지는 사람을 비약적으로 증대시킨다는 것은 가히 상상할 만하다.[49]

잃어버린 것에 대한 "이상적인 인간관계와 세계관을 둘러싼 추억"이라는 것은, 순수하고 따뜻했던 시절의 일본을 회복하고 싶다는 욕망으로 나타난다. 예를 들면, 『Always 3번가의 석양』[50]이라는 영화가 만들어진 것도 그러한 이유라고 생각한다. 가족의 따뜻함과 이웃 간에 인정미 넘치는 교류, 지금과는 다른 마을 풍경과 미완성의 도쿄타워 등등, 분명히 지금보다 유복하지는 않지만 그 시대였기에 가능했던 '행복'이 아닐까? 바로 이 점이 일본인 대부분이 그 영화를 보고 감동하여 눈물을 흘렸던 이유라고 생각한다.

정치적 문맥에서 살펴보면, 노스탤지어는 결코 평판이 좋은 관념이 아니다. 20세기 전체를 통틀어 이 관념은, 진보에 저항하여 이제는 되돌릴 수 없는 농촌과 전원생활을 장난스럽게 미화하고, 그 역사를 만들어 낸 여러 힘과 현실의 모순은 보려고도 하시 않는 감상적이고 유희적인 것이라고 좌익 지식인들로부터 비난받아왔다.[51]

그러나 '이상적'이라는 말이 나타내듯이, 그리워하는 마음과는 반대로 '노스탤지어'의 대상이 되는 것은 '되돌릴 수 없는 농촌과 전원생활

---

49 四方犬彦, 「ノスタルジア」, p.10.
50 도쿄타워 건설 중인 쇼와 33년(1958년)을 무대로 하여, 가족의 소통을 그린 정겨운 이야기이다. 2005년도에 상영한 뒤 일본 내 반향을 불러일으키며 2007년에 속편이 만들어졌다.
51 四方犬彦, 「ノスタルジア」, p.8.

을 장난스럽게 '미화'한 실현 불가능한 욕망이다. 너무나도 풍요로워진 일본 사회의 구성원은, 자기 자신이 그리워하는 과거로 돌아간다는 것을 이미 불가능하다고 체념하던 차에, 일본인의 기억 어딘가에 조용히 잠자고 있던 쇼와(昭和) 시대의 마음 따뜻해지는 부모 자식 간의 사랑, 형제애, 이웃과의 교류 등과 같은 인간관계가, 이웃 나라인 한국 드라마에는 여전히 남아 있다는 것을 발견하였다. 이제는 실생활에서 재현할 수 없지만, '한류' 드라마를 통해서 간접적으로나마 편안함을 느낄 수 있게 되었다. 이것이야말로, '한류' 드라마의 소비자가 그것을 향수(享受)하고 지속하려는 이유 중 하나가 아닐까? 하지만 다음 인용문 중 일본의 민예 활동[52]에서 이루어지는 '수공예품'의 예찬과 같이, '노스탤지어'는 회복 불가능한 것을 '이상화'하여 '미화'하는 경향이 있다.

> 야나기야의 자연에 관한 개념 중에 보이는 논리적인 기풍은 현대 민예 지도자에게 전수되어, 오늘날 대부분의 일본 대중에게 침투된 것으로 생각된다. 사라야마의 도공들은 일찍이 모든 일본인들이 하던 방식대로 일을 해왔다. 그러던 중 일본에 공업화가 진행되고, 현대인들은 과거를 돌이켜보고 자신들이 어디까지 진보하였는지를 확인하기 시작하였다. 그들은 자기 자신과 국가의 번영을 도모하는 방편으로 사라야마의 도공이 예전의 상태로 멈춰 있기를 원하였다. 그리고 그 보답으로 그들의 일을 '예술'이라는 이름으로 칭송하였다.[53]

오이타 현 사라야마의 도공(陶工)의 일은, 처음에는 농한기 겨울에 생계를 위해 마을 공동 작업으로 시행하던 것이다. 이것을 일본 민예

---

52 민예 활동이란 1926년(대정15년), '일본 민예 미술관 설립 취의서'의 발간에서 시작된 것으로, 일상적인 생활에서 사용되어 온 수작업한 일용품에서 '사용하는 미'를 찾아내어, 활용하는 일본 독자적인 운동이다. 오늘날에도 이러한 활동이 계속 이어진다.(출전: 프리백과사전, 『위키피디아』)
53 ブライアン・モーラン, 『日本文化の記号学』, p.121.

운동의 창시자인 야나기야가 '발견'하여 지방신문과 월간지 등에 소개하면서 '예술'로서 칭찬 받았다. 공업화 과정에서 서서히 변화한 일본 생활 속에서 예전 그대로 남아 있는 마을의 공예 기술은, 도시 사람들에게는 매력적인 존재였기 때문이다. 사람들은 변해가는 사회 속에서 마음 따뜻해지는 마음의 고향을 추구하고 있었는지 모른다. 일본 사회에서 '한류' 소비의 경우에도 이것과 동일한 한국의 '이상화'와 '미화'가 이루어진 것이 아닐까?[54] 이 점을 명확히 하지 않으면 '한류'의 문화 소비도 독선적인 '미화'로 남을 수밖에 없다.

본 조사의 응답자 중에는 소수이지만 다음과 같이 TV 드라마의 한국 사람과 실제 한국 사람은 다소 다르다는 것을 인식하는 사람도 있다.

> 저에게 있어서 '한류'란 잃어버린 것에 대한 그리움입니다. 현재 한국도 일본과 마찬가지로 잃어가고 있다고 생각합니다만, 일본의 역사와 한국의 역사를 통해서 현재가 있고, 지금의 생활이 있는 것이라고 생각합니다. 좋은 것이든 나쁜 것이든 서로를 알아가는 것이 무엇보다도 중요하다는 것을…. 붐으로 끝나지 말고, 한국의 좋은 점을 앞으로도 계속해서 보았으면 합니다.
>
> (60대, 회사 임원)

실제, 2007년도에 한국에서 방송된 『강남 엄마 따라잡기』[55]라는 드라마가 있다. 이 드라마의 기획 의도는 매년 과열되는 한국의 교육 문제로 인해 서서히 붕괴되는 가정의 소중함을 다시 한번 생각해보자는

---

54 "대중 소비사회가 실현되고 지방에서도 고도의 근대화가 달성된 현재의 한국에서도, 전통이 본래 모습 그대로 유지된다는 것은 거의 어려운 일이라고 생각한다. 하지만 한편으로 한국에는 강렬한 민족주의적 이데올로기가 존재하고 있으므로, 전근대의 한국 문화를 유일무이한 것으로 세상에 널리 알려 마땅하나. (四方犬彦, 『ソウルの風景』, pp.41-42)
55 SBS에서 2007년 6월 25일부터 8월 21일까지 방송한 드라마.

것이다. 자녀 교육을 위해서 자신을 희생하는 아버지와 어머니, 그와 같은 양친의 뒷바라지에 중압감을 느끼는 자녀라는 가족 구성은, 본래부터 교육열이 높은 한국 사회에서는 전혀 신기한 광경이 아니다. 하지만 최근 그 정도가 심각해져 사회문제로까지 확대되는 것을 드라마를 통해 잘 나타내었다. 원래 이러한 내용의 드라마는 그 수가 적기도 하고, 이 드라마 한 편으로 현재 한국 사회를 일반화하는 것은 다소 무리가 있다. 하지만 실제로 최근 한국 사회에서는 '막말남' 혹은 '막말녀'라는 신조어가 등장하고 있다. 지하철과 같은 공공장소에서 노인과 젊은이가 남의 눈을 의식하지 않고 싸우는 모습을 볼 수 있다. 이는 손윗사람에 대한 예의와 배려를 미덕으로 여겨 온 한국 사회에 커다란 충격을 가져다 주는 것으로, 유교의 가르침을 삶의 지침으로 선택해 온, 또 그렇게 할 수밖에 없는 한국인 특유의 문화적 토대가 흔들리고 있다는 증거이다. 즉, 일본의 소비자들이 '한류' 문화를 통해서 안고 있는 '노스탤지어'가 '이상화'와 '미화'의 문제에서 자유로울 수는 없다는 것이다.

그럼에도 주목할 점은 '한류'가 그녀들의 일상생활 속에 깊이 침투했다는 것이다. 이는 〈그래프7〉을 통해서 확인하였다. '노스탤지어'는 '지금·여기'에 없는 것을 '미화'하고, 더 나아가 '지금·여기'에 대한 불만과 불완전을 의식적, 무의식적으로 망각하는 경향이 있다. 전자(과거의 미화)가 극대화하고, 후자(현재의 인식)는 극소화한다. 요모타의 비판은 여기에 있다.

하지만 '한류' 소비자인 중장년 여성들은 '지금·여기'에 없는 것을 '지금·여기'에 받아들여, 그 이중성을 균형 있게 맞춰간다. 게다가 '한류' 문화를 통해서 지금과는 다른 새로운 '친구'와 '지인'의 폭을 넓혀간다. 그것은 순수하고 따뜻했던 시절에 대한 '노스탤지어'에 바탕을 둔 한국의 '이상화'와 '미화'의 부정적인 측면을 초월하는 의미를 가진다. 그것은 자신의 '라이프 스타일'을 바꾸려고 하는 자그마한 몸부림이기는 하지만 확실한 전진이라고 말할 수 있다.

위의 설문 조사 분석처럼, '한류'를 접하고부터, 풍요로운 일본 사회, 경제, 문화 속에서 과거의 어딘가에 두고 온 소중한 마음(부모와 자녀 간의 사랑, 형제애, 이웃 간의 교류, 마음 따뜻했던 시절의 인간관계와 연장자를 존경하는 마음 등)을 깨닫게 된 '노스탤지어'를 균형 있게 향수(享受)함으로써, 삐걱거리는 이웃과의 관계를 바꿔간다. 지금까지 알려고도 하지 않았던 역사에 대해 새롭게 직시하며 마음의 '문'을 열고 '상호 이해'를 생각한다. 이와 같은 변화가 소비사회에 결여된 '정치의식'과 '사회성'을 만들어 낸다고 단정할 수는 없지만, 몰랐던 신변의 일들을 알아차리는 계기가 되었으며, 그것을 서서히 바꾸려고 하는 태도의 표명이라고도 말할 수 있지 않을까?

다음 장에서는 본 조사에서 '라이프 스타일'의 변화로 주목받는 '친구의 폭을 넓히기'라는 키워드가 가지는 의미에 대해서 구체적으로 생각해 보고자 한다.

4) 친구의 폭을 넓히기

'한류'를 통해 일상생활에서는 접할 기회가 별로 없던 다른 연령층의 사람들과도 사이좋게 지내면서, 나 자신의 세계가 보다 넓어진 것 같다는 생각이 듭니다.　　　　　　　　　　　　　　　(30대, 파트타임)

'한류'를 통해서 한국어를 배우게 되고, 이깃을 계기로 같은 취미를 가진 많은 친구들을 만나게 되었으며, 더욱이 한국인 친구도 늘어났습니다.

30대에 들어서 이와 같이 친구의 폭이 넓어지리라고는 꿈에도 생각지 못했습니다.　　　　　　　　　　　　　　　　　(30대, 대학 비서)

한국 드라마를 보기 시작하면서 인터넷을 하게 되고, 전국에 '한류' 친구가 생겼습니다. '한류'에 흥미가 없는 친구로부터는 "한류를 좋아하는 사람들은 모두 파워풀하고 활력이 넘치네!" 하는 말을 듣습니다. 정말로 그렇다고 생각합니다. 저를 포함하여 모두 생활을 엔조이하고 있다고 생각합니다. 또한 블로그를 시작하게 된 계기도 한류입니다. 삶의 보람을 가져다 준 한국 스타들에게 감사합니다.　　　(30대, 파트타임)

드라마, 영화를 보는 것만으로 부족하여 한국어 공부를 시작하게 되었습니다. 연령에 상관없이 많은 사람들과 즐길 수 있어, 이제는 생활의 거의 대부분이 '한류'입니다. 공부는 생각보다 어렵고 힘듭니다만, 언제나 함께 공부하는 사람들과 서로 격려하면서 공부하고 있습니다. 좋은 선생님을 만나게 된 것 또한 기쁩니다. 많은 만남을 정말 행복하게 생각합니다. 항상 협조해 주는 남편에게도 감사의 마음으로 가득합니다.
　　　　　　　　　　　　　　　　　　　　　(40대, 전업주부)

'한류를 통해 한국어를 공부하게 되면서 같은 취미를 가지는 동료를 만난다', '인터넷 상에서 '한류' 스타의 팬클럽에 가입하거나 'mixi(믹시)'[56]와 같은 커뮤니티에 참가하여 새로운 친구를 만든다', '한류 이벤트나 한류 투어에 참가하면서 친구의 폭을 넓혀간다'와 같이 이제는 '한류'를 혼자서 즐기는 것이 아니라, 공통의 취미를 가진 새로운 '친구'와 '지인'의 폭을 넓혀, 함께 삶을 즐긴다는 것이다.

이와 같이 '한류'에 대한 생각을 들어본 결과, 응답자의 코멘트로부

56　2004년 2월에 개시한 일본 최초의 소셜 네트워크 서비스이다. 기획 당시부터, '마음 편한 사이트', '가까운 사람 혹은 취미·흥미가 비슷한 사람과의 교류'를 콘셉트로 개발하여, 설문 조사를 실시할 당시 1,110만 이상의 사람들이 이용하고 있음을 알 수 있다.(mixi 홈페이지 참조).

터 많이 보이는 것 중 하나가 '친구의 폭을 넓히기'이다. 데라와키 겐 (2005)은 일본 중장년 여성들이 형성한 '한류'의 배경에는 '생애 학습'의 성과가 베이스에 있다고 지적하였다. 이미 일본 사회에서는 "1990년대에 생애 학습이라는 생각이 일반적인 것이 되었고, 여성들이든지 실버 세대이든지 자신이 좋아하는 것은 좋다고 말해도 괜찮은, 자신이 하고 싶은 것은 해도 좋다는 개인의 자립이 인정"[57]되었다. 이것은 '한류'뿐 아니라 다른 취미 생활에 있어서도 마찬가지이다. 일본 사회는 다도·서예·꽃꽂이·하이쿠[58](일본 전통 시가) 등과 같은 전통적인 문화의 애호가로부터, 회화·음악·요리·핸드메이드·외국어 등과 같이 개인의 개성을 살린 취미를 가지는 사람에 이르기까지, 정기적으로 문화센터에 다니면서 동일한 취미를 공유하는 사람들과 인생을 즐기는 사람이 증가하는 추세다. 여기서 다시 한번 일본 사회의 '교제'라는 말을 야마자키 마사카즈(2003)의 '너무 가깝지도 않고 너무 멀지도 않은' 법칙으로부터 생각해 보고자 한다.

> 일본어의 '교제'라는 말은 양의적인 것으로, 사교란 개인이 너무 가깝지도 않고 너무 멀지도 않은, 중간적인 거리를 유지하는 것을 암시한다. 사교적인 인간은 '교제를 잘 하는' 사람임과 동시에, 어떠한 일에 있어서도 '적정 거리'를 잘 조절하여 행동하는 사람이다. 기계적인 인간관계를 타성으로 연결하는 것도 아니고, 그렇다고 과도하게 정서적인 연결 고리에 도취되는 것도 아닌, 성숙한 우정을 배양하는 사람이다. 바꾸어 말하면 사교적인 사람은 진정으로 타인에 대해서 적극적인 인간이자 스스로 관계를 형성하며 이어나가는 사람을 뜻한다. 그들은 사교를 시작하기 이전에 먼저 자립한 개인이며, 손님에 대해서는 주인이 되는, 사회의 책임

---

57 寺脇研·鄭有貞, 『外交フォーラム』, p.56.
58 5·7·5의 3구(句) 17자(字)로 구성되는, 일본 고유의 정형시(定型詩)이며 세계에서 가장 짧은 정형시이기도 하다.

자라고 할 수 있다.59

현대사회에서의 '교제'를 단적으로 나타내면, '너무 가깝지도 않고 너무 멀지도 않은 적절한 거리를 유지하는 일'이다. 일본 사회에서 이상적인 사람과 사람의 관계는, 서로 이해하는 것을 목표로 하지만 암묵적 동의하에 서로에게 깊이 관여하지 않는 것이다. 그 관계가 친구이든지 형제이든지 부모와 자식 사이이든지 간에 "가까운 사이일수록 예의를 지키자"는 일본어 속담과 같이 '성숙하고' 쿨한 관계가 요구된다. 한 TV 프로그램60과 같이 '친구의 폭'을 표방하면서, 실제로는 모래알 같은 연결밖에 볼 수 없는 경우도 있다. 또 한편으로는 집단적으로 열광하는 무리의 일원이 되는 것에 대한 망설임도 있다. 야마자키가 주장하는 '너무 가깝지도 않고 너무 멀지도 않은'이라는 관계의 회복은 결국 개인과 집단 사이에서 어떤 가교 역할을 하는지에 관한 문제에 직면하게 된다.

> 너무나도 많은 사람이 현명해지면서, 진부한 애국심과 같은 강렬한 일체감, 감정의 완전한 통합 상태는 허구이며, 오히려 위험하다는 것을 배우게 되었다. 시장의 패션도 변화가 심하고 귀속 집단을 만드는 힘이 약해진 것을 느낀다. 이 막연한 자각으로 현대의 '쓸쓸한 군중'은 더욱 구체적으로 개별화된 자신을 개인으로 인지해 주는 타인을 필요로 한다. 자신을 세상에 둘도 없는 소중한 개인으로 대우해 주며 한 사람의 인격체로 존중해 주는 타인, 그러한 존재로서 그에 상응하는 배려를 교환할 수 있

---

59 山崎正和, 『社交する人間』, p.303.
60 『웃어도 좋아요』(정식 명칭은 『모리타 이치요의 시간 - 웃어도 좋아요!』로, 후지 TV계열(FNN·FNS)에서, 1982년 10월 4일부터 방송된 버라이어티 프로그램이다)의 한 코너인 텔레폰쇼킹은 친구를 소개하는 코너로, 일일 게스트로 당일 출연하는 사람이 다음날의 출연자(친구)를 소개하는 형태로, 프로그램을 이어 간다. '친구의 친구는 모두 친구'라는 프로그램의 취지는, 모래알과 같은 '얕고 넓은' 교제를 나타낸다.

는 상대를 원한다. 자유를 보장하는 너무 가깝지도 않고 너무 멀지도 않은 거리에서, 안심을 담보로 하는 소규모의 인간관계를 기대한다.[61]

현대 일본 사람들이 사람과의 '교제'에서 추구하는 것은, 손바닥을 일치시키는 듯한 '일체감'과 '감정의 완전한 통합'과 같은 환상이 아니라, "자유를 보장하는 너무 가깝지도 않고 너무 멀지도 않은 거리"에서 '개별화된 자신'을 잃지 않는 관계이다.

그렇다면 '한류'를 접하는 일본 여성들은 '한류'를 매개로 어떠한 연결을 목표로 할까? 많은 사람들의 응답에서, 전혀 몰랐던 사람들이 '한류'라는 공통어로 인해 동료 의식이 싹트며 다른 연령층의 사람들과 가까워지고, 전보다 자신의 세계를 넓히게 되었다며 즐거워하는 모습을 볼 수 있다. 새롭게 만난 친구와 메일을 주고받고, 드라마 DVD를 서로 빌려 주며, 함께 식사를 하러 가고, 한국 여행을 즐긴다는 것이다. 그러한 즐거움은 열광적인 '일체감'과는 다르며, 이른바 쿨하고 안정된 즐거움이다. 더욱이, 단순히 친구 수가 증가한 것에 대한 즐거움을 의미하는 것이 아니다. 그것은 자신의 실생활과 차단하여 따로 떼어 놓고 생각하는 것이 아니라, '한류'를 통해서 자신과 자신의 신변을 조용히 바꾸려는 움직임으로, 현실적인 변화의 첫걸음이라고도 말할 수 있지 않을까?

---

61 山崎正和, 『社交する人間』, p.208.

4. 상품으로서의 '일본 한류' - 문화 소비의 이중성

본 연구에서는 사회 유행 현상의 중심에서 멀어져 가는 경향을 보이는 일본 중장년 여성들이 왜 한국에서 발신하는 '한류' 문화의 소비의 주역으로 자리매김하게 되었는가, '한류' 문화는 그녀들에게 어떻게 소비되는가, 이와 같은 문제를 둘러싸고 일본 사회에서 초기 '한류' 문화를 구축한 중장년 여성층에게 초점을 맞추어 의식조사를 시행하였다.

제2장에서 설명하였듯이, 보드리야르의 소비사회이론이란 소비사회에서 사람들이 사물(=상품)을 소비하는 것은, 그 물건을 구매하면서 획득할 '기호'를 사는 것이며, 그 '기호'란 사회적 관계에서 사람들의 '사회적 지위'와 '위신'의 높이를 과시함을 의미한다. 하지만 소비의 대상이 '문화'인 경우는 다른 상품과 구별해서 생각해야 한다. '문화'에는 '기호'화한 상품으로서 소비되는 "공업화한 문화성"의 물건도 있지만, 그것만으로 단정 지을 수 없는 소비의 모습도 있으므로, '문화'의 이중성을 염두에 두고 생각해야 한다.

중국과 베트남 등지에서 '한류' 문화의 소비란, 일상생활과 사회, 경제적인 측면에서 조금 앞서 있다고 생각하는 한국 드라마와 영화들을 접하면서, 다른 사람이 모르는 것과 아직 접하지 않은 것을 선취하는 것을 의미하였다. 이는 보드리야르가 생각한 '사회적 지위'와 '위신'이라는 '기호'화된 상품으로 '한류' 문화가 소비된다고 말할 수 있다. 그러나 한국보다 경제적인 면에서 우위인 일본 사회에서의 '한류'는 어떠한가? 다양한 대중문화 중 하나에 지나지 않는 '한류'를 접하는 것이, 그대로 일본 사회에서의 '사회적 지위'와 '위신'으로 연결된다고는 보기 어렵다. "사물은 자연히 위신(의 결여)을 이야기한다."는 말과 같이 '한류' 소비의 경우도 소비되는 환경에 따라서는 같은 맥락으로 생각할 수도 있다. 예를 들면, '한류'의 소비자 사이에도 한발 앞서 관련 상품과 정보를 수집하는 것, 어학을 공부하는 것, '한류'를 추구하며 한국으로 여행을 떠나는 것과 같이 다른 사람이 몰랐던 것, 다른 사람이 아직 하고 있지 않은 행동을 선취하는 것에 의해서 미크로적인 '사회적 지위'와 '위신'을 추구하는 경우가 있을지 모른다. 그렇다고 해서 일본 사회에서 '한류'의 소비 전부를 '사회적 지위'와 '위신'과 같이 '기호'화된 상품으로만 읽는 것은 문제의 여지가 있다.

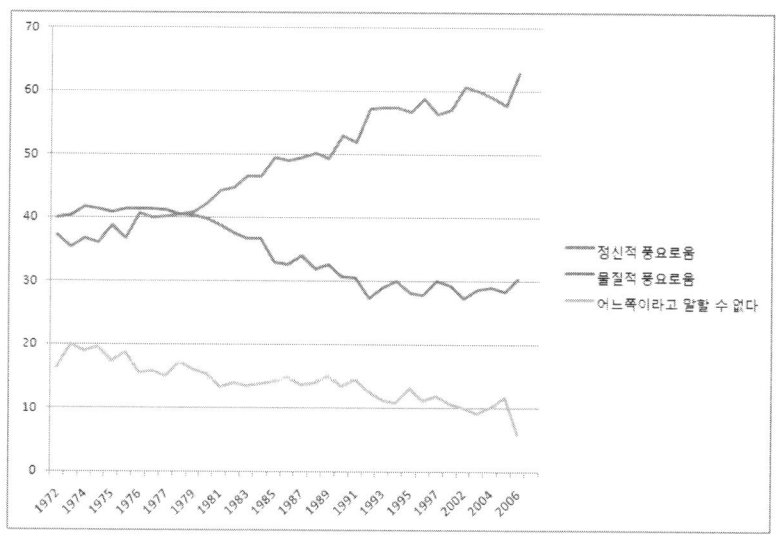

〈그래프9〉 국민 생활에 관한 여론조사
(연도별 정신적 풍요로움과 물질적 풍요로움의 수치)

출처: 내각부대신 관방정부 홍보실

본 장에서 시행한 조사 결과로부터, 일본의 중장년 여성들의 '한류'에 대한 생각에는 '상호 이해'와 '역사와 문화에 대한 흥미', '노스탤지어', '친구의 폭을 넓히기'와 같은 키워드가 포함된 것을 알 수 있다. 그런데 사실 '한류'와 같은 '대중문화'를 통해서 '상호 이해'와 상대국의 '역사와 문화에 대한 흥미'가 적극적으로 나타나는 것은 일반적이지 않다. 한때 한국과 일본 등 아시아에서 크게 유행하였던 홍콩 영화와 세계적인 규모로 만들어져 발신된 할리우드 영화 등을 본 많은 사람이 그에 대한 공감으로 '화류(華流)'와 '미류(美流)'와 같은 사회적 현상을 일으켜 중국과 미국과의 '상호 이해'를 호소하거나, '역사와 문화에 대한 흥미'를 나타내는 행동을 일으킨 적은, 소프트파워의 호소에도 불구하고 거의 없었다고 볼 수 있다. '(거리적으로) 가깝고 (교제하기에는) 먼 나라'에 대한 무관심에서 '(거리적으로) 가깝고 (생활 모습도) 가까운 나라'에 대한 관심으로 사람들의 마음을 움직이는 이러한 '한류' 현상을 어떻게 설명할 수 있을까?

그 대답의 하나로, 일본 사회 속의 '한류' 문화라는 '기호'는 경제중심주의와 같이 피라미드형 수직 사회만을 의미하는 것은 아니라는 것이다. 바꾸어 말하면 '위신'이라는 것은 상하 수직 방향의 이동만을 의미하지 않고, 지금까지 일본사회에서 소홀히 대하였던 이웃에 관한 관심을 재차 환기시키는, 수평 방향을 이동할 수 있게 하는, 예를 들면 개인의 독자적인 삶의 방식을 조용하고 새롭게 구축하는 것이라고 말할 수 있지 않을까?

순수하고 따뜻했던 시절에 대한 '노스탤지어'와 '친구의 폭을 넓히기' 등의 키워드에서 알 수 있듯이, '한류'를 매개로, 자신과 자신의 주변을 조용히 바꾸려는 마음의 변화가 눈에 띈다. 〈그래프9〉의 '국민 생활에 관한 여론조사(2006년 10월)'[62]의 결과로부터 일본 사회의 변화를 볼 수 있다. 전후 한동안 경제성장을 목표로 하는 생활에서 물질적 안정과

---

62 내각부대신 관방정부 홍보실 HP(http://www8.cao.go.jp/survey)를 참조.

상품으로서의 한류 문화

번영이라는 '물질적 풍요로움'을 삶의 최대 목표로 하는 사람이 많았다. 하지만 1979년부터 역전하여 '정신적 풍요로움과 여유로운 생활을 하는 것에 중점을 둔다'고 생각하는 사람이 증가했다. 2006년도에 시행한 결과를 참고하면, 아직 '물질적 풍요로움'을 추구하고 싶다고 대답한 사람이 30.4%나 있으나, '정신적 풍요로움'이 중요하다고 대답한 사람은 그 배가 되는 62.9%로 상승하였다.

성별로 비교하면, '물질적 풍요로움'을 추구하는 비율은 남성이 34.3%, 여성이 27.1%로, 남성 쪽이 약간 높다. 한편, '정신적 풍요로움'을 추구하는 것은 남성이 59%, 여성이 66.2%로 여성 쪽이 약간 높다. 이 조사결과는 작은 차이기는 하지만 여성이 정신적인 면을 보다 중요시한다는 것을 알 수 있다.

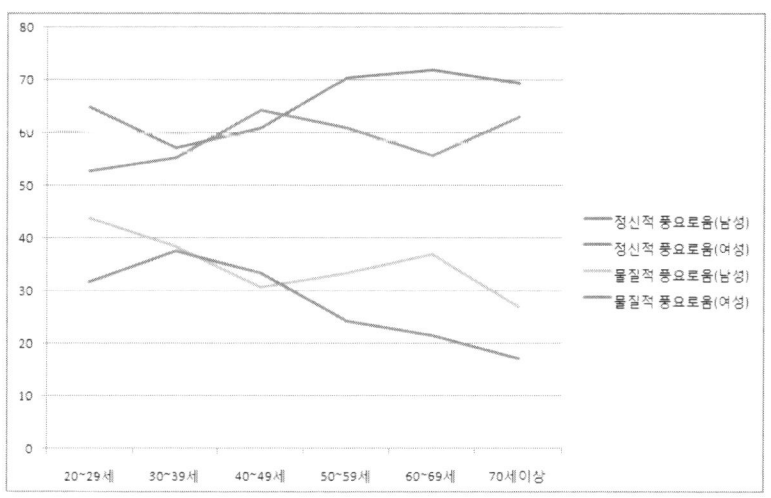

〈그래프10〉 국민 생활에 관한 여론조사
(성별 및 세대별 정신적 풍요로움과 물질적 풍요로움의 수치)

출처: 내각부대신 관방정부 홍보실

〈그래프10〉의 세대별 분류를 보면 남녀 모두 연령이 상승함에 따라 '정신적 풍요로움'을 추구하는 비율이 높아진다. 이상의 결과에서 '노스탤지어'를 생각하게끔 하는 '한류' 문화를 접하거나 그 관련 상품을 구매하는 것도, 마음 어딘가에 '정신적인 풍요로움'을 추구하는 생활상의 행동으로 이해할 수 있지 않을까?

이처럼 일본 사회에서 '한류' 문화 확산 배경에는 "공업화한 문화성"으로서의 '한류'라기보다는, 조사 결과로부터 요약되는 키워드('상호 이해', '역사와 문화에 대한 흥미', '노스탤지어', '친구의 폭을 넓히기')가 나타내듯이, 사람과 사람 사이의 커뮤니케이션과 그것을 통해서 커뮤니케이션을 형성하는 도구로서 소비하는 것이라고도 말할 수 있지 않을까? 그렇기 때문에, 난공불락이라고 생각했던 일본 사회에서 '한류' 문화가 확산될 수 있었다고 생각한다.

결 론

　현대사회에서 '대중문화'는 단순한 여흥이나 오락에 지나는 것이 아니라, 사람들의 새로운 '라이프 스타일' 구축에 없어서는 안 되는 존재이다. 더욱이 세계 각국이 주목하는 거대 산업으로까지 자리매김했다. 세계 각국이 '문화산업'을 자국의 주력 산업의 하나로 추진하는 것은 다음과 같은 점을 고려한 결과이다. 우선 문화적 관점에서 본다면 자국 언어, 전통과 같은 고유한 문화를 세계에 널리 알림으로써 자국의 문화 이미지를 고양하는 효과가 있다. 그리고 경제적 관점에서 본다면 국가 지명도를 구축함에 따라 그와 관련한 모든 산업에서 경제적 효과를 기대할 수 있다.
　본 연구의 출발점인 한국 사회 속의 '문화산업'도 예외는 아니다. 자원이 부족한 나라 한국에서는 자국 경제를 활성화하기 위한 돌파구가 필요하였다. 이러한 상황 속에서, 기존의 전통적인 제조업에서는 도저히 상상할 수 없는 고부가가치를 올리는 것은 물론, 1997년도에 발생한 경제 위기 때 심각한 사회문제로 드러난 고용 문제까지 해결할 수 있다는 기대감에 '문화산업'은 한국 경제를 이끌어 갈 핵심 산업의 하나로 자리매김하기에 충분하였다.

책의 제1장에서는 한국을 시작으로 세계 각국이 자국의 주력 산업의 하나로 생각하는 '문화산업'에 대해서 그것이 어떠한 것인지, 그것이 중심이 되는 사회란 어떠한 사회인지를, '문화산업'의 역사적 배경을 바탕으로 살펴보았다.

  우선 '문화산업'이라는 용어를 처음 사용한 프랑크푸르트학파의 시대는 어떠하였는가? 나치의 전체주의 체제는 '문화산업'이 제공하는 획일적인 생산물을 이용해 문화의 수신자인 '대중'을 자신들의 의도대로 통제하였다. 게다가 그들이 파시즘의 반대 입장 국가라고 생각하여 망명 생활을 했던 미국에서도 독점기업하에서의 '대중문화'는 획일화 경향을 보였다. 그들은 당시의 대량생산에 의한 획일화가 사람들의 내면까지도 단순화하고 경직되게 하여 국민의 비판력을 빼앗는 데 성공하였다고 생각했다. 그리고 이같이 '문화산업'이 전체주의의 유력한 미디어로 이용될까 우려하여 문화의 산업화를 부정하였다.

  이처럼 아도르노 측이 '문화산업'에 대해 부정적인 태도를 드러낼 수밖에 없었던 것은 그 대상이 되는 '대중'의 개념이 그들에게 부정적인 의미가 있었기 때문이다. 그들에게 '대중'이란 적극 사유하는 힘을 가지지 못하며, 속이기 쉽고, 취미 수준과 교양이 낮은 사람들을 의미했다.

  이에 반해서 레이먼드 윌리엄즈를 시작으로 하는 Cultural Studies는, 산업혁명 이후 사회의 계급 구조를 근대적 대기업의 소유자 및 경영자(부르주아)와 그 아래에서 생산 활동에 종사하는 노동자(프롤레타리아)의 2대 계급으로 본 마르크스주의적 이해를 답습하였다. 그러나 사회는 자본가와 노동자로 구성된다고 분석하면서도 '부르주아 문화' 혹은 '노동자계급 문화'와 같이 구별하는 것은 부적절하다고 제기하였다. 사회 전체 문화의 건전한 발전을 위해서는 이른바 '고급문화'(부르주아 문화)

만으로는 충분하지 않기에 사회의 다양한 계층이 저마다 문화를 지닐 필요가 있다고 제안하였다. 그리고 그러한 문화는 근본적으로 서로 연결되어야 한다고 주장하였다. 더욱이 사회 전체의 완전한 문화 형성을 위해서 '지식인'은 그와 같은 문화를 육성하는 데 노력을 기울일 필요가 있다고 지적하였다.

하지만 현대사회는 발달한 대중매체를 매개로 하여 다양한 정보를 받아들여 새로운 생활 방식을 구축한다. 이러한 변화는 아도르노 측이 전제한 '고급' 문화, '저급' 문화와 같은 간결하고 명쾌한 구별을 불가능하게 하였다. 게다가 '대중'을 단순히 세속적인 문화의 담당자로 보았던 이전 시대와는 달리, 포스트모더니즘 시대에는 '대중'이 다양한 문화상품의 '소비자'가 되었다. 동시에 문화 정보의 '발신자'가 되면서 다수의 '새로운 중산계층(New middle class)'이 형성되었다. 이 때문에 대중과의 경계는 더욱 모호해졌다.

경제적 관점에서 본다면 서구 자본주의의 '소비자'로서 '새로운 중산계층'이 출현한 것은 커다란 시장의 형성을 의미하며 소비문화가 성립되는 토대로 평가된다. 한편 사회와 정치적 관점에서 본다면 1960년대부터 70년대까지 서구에서는 노동운동과 반전운동, 공민권운동 그리고 학생 반란이 일어났다. 하지만 이러한 전개가 목적 달성에 이르지 못하는 것을 경험한 사람들이 정치에 대한 관심도가 저하되면서 포스트모더니즘이 생겨났다는 해석은 소비문화가 만들어낸 '문화산업'의 산업으로서의 타당성을 부정하는 것이다.

세계 각국이 나아갈 방향의 하나로 추구하는 '문화산업'이 하나의 산업으로 자리매김하기 위해서는 '대중'의 정치성(판단력)이 필요하다. 케르너(2002)는 다양성을 지니는 현대사회에서 소비자의 훈련을 통해

'행동적인 미디어 소비자'들이 형성되기를 기대했다. 그들이, 프랑크푸르트학파와 Cultural Studies가 정치의식의 담당자로 기대한 '시민'이나 '지식인'과 비슷한 역할을 해낼 수 있다면, 소비자가 중심이 되는 '문화산업' 또는 '문화산업'이 중심 산업이 되는 사회가 시민사회의 일종으로 성립할 수 있다고 하였다. 이는 제3장(상품으로서의 한류 문화)의 내용을 근거로 확인하였다.

제2장에서는 '문화산업'의 토대가 된 현대 '소비사회'를 이해하고 분석하는 중심축으로 현대 프랑스의 사회학자인 장 보드리야르의 소비사회이론을 제시하였다.

대량생산 시대의 시작은 사물로부터 사람을 해방한 시대처럼 보인다. 하지만 상품의 범람으로 사회시스템은 생산 중심에서 소비 중심으로 변하였으며, 이 때문에 또 다른 의미로 사람을 사물에 고착시켰다. 소비 중심 사회란 어떤 물건이 갖고 싶다는 욕구가 지극히 개인적인 것임에도, 암묵적 동의하에 사람들이 사물을 원하게끔 사회질서 유지를 위해서 조정되는 시대라고 보드리야르는 관찰했다. 여기서 그는 기존의 상품이론의 틀로는 현대 소비사회를 명확하게 설명하는 것이 어렵다고 보고 그것을 뛰어넘기 위해서 상품의 '기호가치'라는 특징을 추가할 것을 제안하였다. 그가 말하는 '상품의 기호화'는 소비사회에서 사물이 팔리는 상품이 되기 위해서는 다른 사람 및 다른 사물과의 '차이'를 나타내는 '기호'성이 있어야 한다는 것이다. 더욱이 그 '기호'라는 것은 사회에서 '사회적 지위'와 '위신'을 드러내주어야만 한다.

보드리야르의 '상품의 기호화' 이론은 그 대상이 '문화 상품'인 경우에도 마찬가지다. 소비사회에서 사람들이 '문화'를 소비하는 것은 자신의 의지로 인한 행위가 아니라 코드화된 사회질서에 의해 통제되어

'사회적 지위'와 '위신'을 추구하는 욕망에 의존한 행위일 뿐이다. 다만 '문화'라는 오래된 말에는 '상품'이라는 것으로 해결할 수 없는 다른 의미가 담겨 있기에 '상품으로서의 문화'('공업화한 문화성')를 나타내는 새로운 용어가 필요했다. '문화' 또한 '현시'적인 의미에 한하여 소비되며 그렇지 않은 경우는 소비의 대상이 되지 않는다고 '문화'의 이중성을 언급했다.

　이 글에서 필자가 이야기하는 것은 '문화산업'에 의해서 대량으로 생산된 '문화 상품'은 오로지 '현시'적인 것으로만 소비되지 않는다는 것이다. 가령 계기는 그러하다 하더라도 나중에는 그와 같은 현시성을 뛰어넘어 다양한 소비 형태를 나타낼 수 있다는 것이다. 이러한 문제를 살펴보고자 제3장에서는 일본 사회에서 소비량이 증가하는 '한류'라는 상품에 주목하였다. 특히 사회의 유행 현상의 중심이 아닌 주변부에 위치해 있던 중장년 여성들이 왜 '한류' 소비의 주역이 되었는지에 대해 사회적 현상을 통해 그 '문화'의 이중성을 확인하였다. 중국과 베트남 등지의 동아시아에서 '한류'의 주요 수용자인 청소년층이 '한류'를 통해서 소비하는 것은 드라마에 나오는 '한류' 스타의 도시적인 모습과 패션, 높은 생활수준 등의 현대적 요소이다. 그것이 자국과는 다른 '차이=기호'를 나타내며, 이는 보드리야르가 정의한 '사회적 지위'와 '위신'을 추구하는 상품으로서의 '문화' 소비라고 해석할 수 있다. 여기서는 다른 사람보다도 한발 앞선 경험을 통해 일종의 '위신'을 만들어 내는 과정으로 '한류' 문화의 수용을 생각해 볼 수 있다. 그러나 한국보다 경제적인 면에서 나은 환경인 일본의 중장년 여성들이 한국의 대중문화에 접하는 것을 타문화의 '차이=기호'를 소비하는 것으로 해석할 수는 있지만, 그렇다고 해서 일괄적으로 그것이 '사회적 지위'와 '위신'

으로 연결된다고 말할 수는 없다. 이렇듯 '한류'라는 '문화'적 상품이 소비되는 환경에 따라 다른 해석이 있을 수 있다는 것 자체가 '문화'의 이중성을 의미한다고 볼 수 있다.

본 연구에서 시행한 의식조사('한류' 문화와 일본 여성들 - 현대사회 의식조사)에서 '한류'에 대한 생각과 의견을 물어본 결과, '상호 이해', '역사와 문화에 대한 흥미', '노스탤지어', '친구의 폭을 넓히기'와 같은 네 가지 주요 내용으로 요약되었다. 이들은 '한류'를 접하고부터, 풍요로운 일본 사회의 경제, 문화 속에서 과거 어딘가에 두고 온 듯한 순수한 마음(부모와 자녀 간의 사랑, 형제애, 이웃 간의 교류, 연장자를 존경하는 마음 등, 마음 따뜻했던 시절의 인간관계)을 상기시켜주는 '노스탤지어'를 향수하게 되었다. 그리고 삐걱거리는 이웃 나라와의 관계를 지금까지는 무관심하게 바라보았지만 역사적 관점에서 새롭게 인식하여 마음의 '문'을 열고자 하는 '상호 이해'를 의식하게 되었다. 또한 '(거리적으로) 가깝고 (생활 모습도) 가까운 나라'라고 느끼며 한국에 관심을 가지면서부터 '역사와 문화에 대한 흥미'를 품게 되었고, '한류'를 통해서 새롭게 만난 친구와 메일을 주고받으며, 드라마의 DVD를 서로 빌려 주거나 함께 식사하러 가거나 한국으로 여행을 떠나는 등 이른바 쿨하고 안정된 '친구의 폭을 넓히'게 되었다.

이와 같은 변화가 프랑크푸르트학파와 Cultural Studies가 정치의식의 담당자로서 기대하였던 '시민'이나 '지식인'과 비슷한 역할을 하며 소비사회에 결여되었다고 생각하는 '정치의식'과 '사회성'을 만들어 낸다고 단정 지을 수는 없다. 하지만 '한류'라는 계기로 지금까지 몰랐던 신변의 변화를 깨닫고, 그것을 서서히 바꾸려는 태도의 표명이라고는 말할 수 있지 않을까? 실생활과 차단하여 따로 떼어 놓고 보려는 것이 아니라, '한류'를 통해서 자신과 자신의 주변을 조용히 바꾸려고 노력하며 조금씩 현실적인 변화를 시도하는 모습 속에서 문화라는 것이 단순히 프랑크푸르트학파가 두려워하였던 대중조작의 도구가 아니라 주체적으로 생각하는 도구라고도 말할 수 있지 않을까.

  내각부대신 관방정부 홍보실이 실시한 '국민 생활에 관한 여론조사' 결과에서 나타나듯이 일본 사회에서 '한류' 문화라는 '기호'는 경제중심주의 사고에서 파생한 피라미드형 수직 사회의 이동만을 의미하는 것이 아니다. 지금까지 소홀히 대하였던 이웃(한국인이나 친구)을 향한 관심을 재차 환기하는 수평 방향의 이동을 가능하게 하며, 개인의 독자적인 삶의 방식을 새롭게 구축할 수 있게 하였다. 즉, '한류' 문화를 통해서 '노스탤지어', '상호 이해', '이웃', '친구' 같은 요소의 중요성을 상기하고, 경제중심주의의 물질적 풍요 속에서 마음속 어딘가의 허전함을 달래는, '정신적인 풍요로움'을 추구하는 생활상의 행동으로 이해하는 것도 가능하다고 생각한다.

1. 일본어 참고문헌

青木貞茂(2002)「言語活動としての消費を分析」『論座』85号, pp.189-191.

浅見克彦(2002)『消費・戯れ・権力』, 社会評論社.

アレックス・カリニコス著, 角田史幸監訳, 田中人・梁田英麿訳(2001)『アゲインスト・ポスト・モダニズム』, こぶし書房(Against Postmodernism Blackwell Publisher, 1989).

池上嘉彦・山中桂一・唐須教光(1983)『文化記号論の招待』有斐閣.

井上俊編(1993)『現代文化を学ぶ人のために』, 世界思想社.

李香鎮著, 石坂浩一訳(2006)「韓流, 誰のための文化か?―東アジア文化共同体に向けた進歩と抵抗『世界』第764号, pp.78-102.

今田高俊・原純輔(1979)「地位の一貫性と非一貫性」富永健一編, 『日本の階層構造』東京大学出版会, pp.161-197.

岩淵功一(2001)『トランスナショナル・ジャパン―アジアをつなぐポピュラー文化』, 岩波書店.

NHK総合放送文化研究所(2004)『NHK放送研究と調査』12月号, 日本放送出版協会.

角知行(1986)「消費社会論考―ボードリヤール以後の課題」『天理大学学報』149号, pp.41-54.

河野道和(2005)「『学び』の意欲と『向上心』」『AURA』171号, pp.28-29.

川村静香(2005)「韓流ブームに見る中年女性の意識調査」『AURA』171号, pp.2-9.

ジンメル・ゲオルク著, 北川東子, 鈴木直訳(1999)『ジンメル・コレクション』ちくま学芸文庫.

斉藤日出治(1980)「大衆消費社会の記号学的解説-J・ボードリヤール, M・ギョームの大衆消費社会論」『経済評論』29巻4号, pp.106-19.

坂本節郎(2005)「傑作するオバギャルパワー」『AURA』171号, pp.22-27.

佐々木晃彦著(2006)『文化産業論』, 北樹出版.

島村麻理(2005)「アジア型『ロマンチックウイルス』飛来」『AURA』171号, pp.18-21.

ジャン・ボードリヤール著, 宇波彰訳(1980)『物の体系』, 法政大学出版部局(Le systéme des objects, Lee Essais, Gallimard, 1968).

ジャン・ボードリヤール著, 今村仁司, 塚原史訳(1979)『消費社会の神話と構造』, 紀伊国屋書店(*La société de consummation, ses mythes, ses structures,*

S.G.P.P. / Gsllimard, 1970).

ジャン・ボードリヤール著, 今村, 宇波, 桜井訳(1982)『記号の経済学批判』, 法政大学出版局, (*Pour une critique de l'economie politique signe*, Lee Essais, Gallimard, 1972).

ジャン・ボードリヤール著, 宇波・今村訳(1981)『生涯の鏡』, 法政大学出版局(*Le miroir de la production*, Casterman, 1973).

ジャン・ボードリヤール著, 田中正人訳(1988)『アメリカ』, 法政大学出版局(*Amérique*, Grasset, 1986).

週刊朝日編(2005)「韓流ドラマ厳選30」, 『週刊朝日』pp.72-79.

ジョン.ケネッス.ガルブレイス著, 鈴木哲太郎訳(1960)『ゆたかな社会』, 岩波書店 (*The affluent society*, London : Hamish Hamiton, 1958).

ジョン・トムリンソン著, 片岡 信訳(1997)『文化帝国主義』, 青土社(*Cultural Imperialism : A Critical Introduction by Jhon Tomlinson*, Pinter Publisher, 1991).

ジョージ・カトーナ著, 社会行動研究所訳(1964)『消費者行動-その経済心理学的研究』, ダイヤモンド社, (*The powerful consumer : psychological studies of American economy*, New York : McGraw-Hill, 1960).

ジョージ・カトーナ著, 社会行動研究所訳(1966)『大衆消費社会』, ダイヤモンド社 (*The mass consumption society*, New York : Mcgraw-Hill, 1964).

ジョオン・サースク著, 三好洋子訳(1984)『消費社会の誕生-近世イギリスの新企業-』, 東京大学出版会 (*Economic policy and projects : The development of aconsumer society in early modern England*, Oxford : Clarendon : press, 1978).

ソースティン・ヴェブレン著, 小原敬士訳(1961)『有閑階級の理論』, 岩波文庫(*The theory of leisure class : an economic study of institutions*, New York : B.W.Huebsch, 1918).

ダニエル・ジョセフ.ブーアスティン著, 新川健三郎・木原武一訳(1976)『アメリカ人-大量消費社会の生活と文化』, 河出書房新社(*The Americans : The democratic experience*, Random House. Inc. New York, 1973).

チャルス.ライト.ミルズ著, 鵜飼信成・綿貫譲治訳(1969)『パワー・エリート』, 東京大學出版会(*The Power Elite*, Charles. Wright Mills Publisher. Oxford University Press New York, 1956).

塚原史(1998)『記号と反抗』, 人文書院.

鶴見俊輔(2001)『戦後日本の大衆文化史―1945-1980年』, 岩波書店.
寺脇研・鄭有貞(2005)「韓流ブームの陰に生涯学習の成果あり―日韓関係の構築に向けて」『外交フォーラム』通号209, pp.52-59.
富永健一編(1979)『日本の階層構造』, 東京大学出版会.
根木昭(2001)『日本の文化政策』, 勁草書房.
ブライアン・モーラン著, 村山紀昭・黒川武訳(1993)『日本文化の記号学』, 東信堂.
フェルディナン・ド・ソシュール著, 山内貴美夫訳(1971)『言語学序説』, 勁草書房, (Cours de linguistique generale, Paris：payot, 1960).
フレドリック・ジェイムソン著, 鈴木聡・篠崎実・後藤和彦訳(1993)『のちに生まれる者へ-ポストモダニズム批判への途1971-1986』, 紀伊国屋書店(The Ideologies Of Theory Essays 1971-1986, University of Minnesota, 1988).
ヘルベルト.マルクーゼ著, 生松敬三・三沢謙一訳(1974)『一次元的人間』, 河出書房新社, (One Dimension Man Beacon Press, 1964).
ホルクハイマー・アドルノ著, 徳永恂訳(1990)『啓蒙の弁証法』, 岩波書店(Dialektik Der Aufklärung, Querido Verlag, 1947).
マイク・フェザーストン著, 小川葉子・川崎賢一編著訳(1999)『消費文化とポストモダニズム』, (上・下巻)恒星社厚生閣(Consumer culture and postmodernism, London：sage, 1991).
マーク・ポスター著, 室井尚・吉岡洋訳(2001)『情報様式論』, 岩波書店(The Mode Of Information, Mark Poster, 1990).
間々田孝夫(2000)『消費社会論』, 有斐閣コンパクト.
間々田孝夫(2005)『消費社会のゆくえ―記号消費と脱物質主義』, 有斐閣コンパクト.
間宮陽介(1980)「消費社会論の新たな視点」『季刊現代思想』38号, pp.153-56。
マルクス著, 大内兵衛訳(1971)『経済学批判』, マルクス・エンゲルス選集7, 新潮社, (Grundrisse der Kritik der politischen ökonomie, (Rohentwurf) 1857-1858.
Anhang 1850-1859, Tokyo：Otsuki shoten pub, 1997.
丸山真男(1961)『日本の思想』, 岩波新書.
三浦展(2006)『「自由な時代」の「不安な自分」』, 晶文社.

참고문헌

見田宗介(2004)『現代社会の理論—情報化・消費化社会の現在と未来』, 岩波新書.
見田宗介(2007)『社会学入門—人間と社会の未来』, 岩波新書.
三谷真(1984)「消費・欲望・消費社会-J・ボードリヤールの『消費社会』論の検討」
　　　　『関西大学商学論集』29巻2号, pp.99-116.
三矢恵子(2004)「世論調査からみた『冬ソナ』現象—『冬のソナタ』に関する世論調査から」,『放送研究と調査』, pp.12-25.
毛利嘉孝編(2004)『日式韓流—「冬のソナタ」と日韓大衆文化の現在』, せりか書房。
羽渕一代(2005)「韓流世代とは—70年代サブカルチャー少女たちのその後—」
　　　　『AURA』171号, pp.13-17.
林香里(2005)『「冬ソナ」にハマった私たち』, 文藝春秋.
林香里(2005)「ドラマ『冬のソナタ』の＜政治的なるもの＞—女性の感情, 女性の生活, そして韓日関係について—」『学環』NO.69, pp.55-81.
堀内圭子(2004)『＜快楽消費＞する社会—消費者が求めているものはなにか』, 中公新書.
安田尚(1982)「J・ボードリヤールにおける生産と消費」『社会学研究』42・43号, pp.351-367.
山口昌男監修(1983)『説き語り記号論』, 国文社.
山崎正和(2003)『社交する人間』, 中央公論社.
四方犬彦・今福龍太・沼野充義編(1996)「ノスタルジア」『世界文学のフロンティア-4』, 岩波書店.
四方犬彦(2001)『ソウルの風景—記憶と変貌』, 岩波書店.
レイモンド・ウィリアムズ著, 若松繁・長谷川光昭訳(1973)『文化と社会』, ミネルヴァ書房(Culuture and society　London：Chatto & Windus, 1958).
レイモンド・ウィリアムズ著, 小池民男訳(1985)『文化とは』, 晶文社セレクション (Culture, Collins Sons & Co, Ltd.London, 1981).
ワルター・ベンヤミン著, 川村二郎ほか訳(1965)『複製技術時代の芸術』, 紀伊国屋書店.

2. 영어 참고문헌

Adorno, Theodor and Jay Bernstein, eds(1991). *The CulturalIndustry : Selected Essays on Mass Culture*, Routledge.
Bourdiew, Pierre(1997). "The new petite bourgeoisie" in *Studying culture*, ed. Ann Gray and Jim McGuiGan, Oxford University Press.
During, Simon(1993). "Theodor Adorno and Max Horkheimer" in *The Cultural Studies Reader*, ed. S. During, Routledge.
Gare, Arran.E(1995). *Postmodernism and the Environmental Crisis*, Routledge.
Hesmondhalgh, David(2002). *The Cultural Industries*, SAGE Publication.
Jameson, Frederick(1997). "Postmodernism and Consumer Society" in *Studying Culture*, ed. Ann Gray and JimMcGuiGan, Oxford University Press.
Kellner, Douglas(1994). *BAUDRILLARD : A Critical Reader*, Basil Blackwell Ltd.
Kellner, Douglas(1989). *JEAN BAUDRILLARD : From Marxism to Postmodernism and Beyond*, Stanford University Press.
Kellner, Douglas(2002). "The Frankfurt School and British Cultural Studies : The Missed Articulation" in *Rethinking the Frankfurt school*, ed. Jeffrey T. Nealon and Caren, State University of New York.
Nealon, Jeffrey. T. and Caren Irr, ed(2001), *Rethinking the Frankfurt School : Alternative Legacies of Cultural Critique*, SUNY Press.
Strinati, Dominic(1995). *An Introduction to Theories of Popular Culture*, Routledge.
Swingewood, Alan(1977). *The Myth of Mass Culture*, Macmillan.

3. 한국어 참고문헌

김복수 외 공저(2003) 『문화의 세기 한국의 문화정책』, 보고사.
김재범(2005) 『문화산업의 이해』, 서울경제경영.
김정수(2002) 「『한류』현상의 문화산업 정책적 함의-우리나라 문화산업의 해외진출과 정부의 정책지원-」, 한국정책학회보, 제1권, 4호, 18쪽.
이강수(1998) 『대중문화와 문화산업론』, 나남출판.

참고문헌

이대희(2001)『문화산업론』, 대영문화사.
임학순(2003)『창의적 문화사회와 문화정책』, 진한도서.
문화관광부편(2002)『2002 문화정책백서』, 문화관광부.
문화관광부편(2004)『2004 문화산업백서』, 문화관광부.
문화관광부편 한국문화관광정책연구원(2004)『2004 문화정책백서』, 문화관광부.
홍준영(2003)『소비자지향적 문화산업정책』, 집문당.
황정금 편역(2005)「일본국민 38%『겨울연가』시청」,『MEDIA WORLDWIDE』, 3월호, 84-89쪽.

일본 문화 소비의 이중성

'한류' 문화와 일본의 여성들
─현대사회 의식조사─

문.1 연령 (N=446 무응답 0%)
    1) 10대   3.1%   2) 20대   2.9%
    3) 30대   13.2%   4) 40대   29.4%
    5) 50대   36.5%   6) 60대   14.3%
    7) 70대 이상   0.4%

문.2 직업 (N=446 무응답 0%)
    1) 파트타임   20.0%   2) 비정규직 8.1%
    3) 정규직   14.3%   4) 자영업   3.1%
    5) 전업주부 42.4%   6) 학생   4.5%
    7) 기타   7.6%

문.3 결혼 (N=446 무응답 0%)
    1) 미혼   26.7%   2) 기혼   70.6%
    3) 기타   2.7%

문.4 당신 자신에 대해서 묻습니다(복수 응답 가능). (N=446 무응답 0%)
    1) 지식・능력을 향상시키고 싶다   78.9%
    2) 즐겁게 살고 싶다   74.7%
    3) 가족을 위해서 희생을 마다하지 않는다   27.1%
    4) 자립심이 왕성하다   23.1%
    5) 어려운 일 및 귀찮은 일은 생각하지 않는다 26.7%
    6) 은혜를 소중히 여긴다   53.4%
    7) 자신의 일에서 만족스러운 결과를 내고 싶다 24.0%
    8) 정신적으로 유연해지고 싶다   57.6%

9) 사회의 규칙을 중시한다　　　　　　　　46.6%
10) 자신만의 규정을 가지고 있다　　　　　41.3%
11) 사회성이 있다　　　　　　　　　　　　29.1%
12) 유행에 민감하다　　　　　　　　　　　17.5%
13) 자신의 취미를 위한 지출을 아끼지 않는다　36.1%
14) 기타　　　　　　　　　　　　　　　　　3.4%

문.5 당신은 여가 시간을 어떻게 보냅니까(복수 응답 가능)? (N=446 무응답 0%)
　　1) 무언가를 배우러 다닌다　74.7%　　2) 독서를 한다　　41.3%
　　3) 친구를 만난다　　　　　63.0%　　4) 음악을 듣는다　48.9%
　　5) 여행을 간다　　　　　　45.7%　　6) 드라마를 본다　75.1%
　　7) 운동을 한다　　　　　　28.5%　　8) 영화를 본다　　46.4%
　　9) 쇼핑을 한다　　　　　　49.1%　　10) 기타　　　　　11.0%

문.6 당신은 현재 '한류'를 즐기고 있습니까? (N=446 무응답 0%)
　　1) 즐기고 있다　　98.0%　　　　　　2) 즐기고 있지 않다　2.0%

문.7 한국 드라마를 본 계기는 무엇입니까? (N=437 무응답 0%)
　　1) TV 정보프로그램　33.4%　　2) TV 뉴스　　　　　　　　　3.4%
　　3) 신문 기사　　　　6.9%　　4) 잡지 기사　　　　　　　　9.4%
　　5) 인터넷　　　　　10.8%　　6) 가족·친구·지인의 권유　45.5%
　　7) 기타　　　　　　2.9%

문.8 '한류'를 접하면서 새롭게 시작한 것을 고르세요(복수 응답 가능).
　　(N=437 무응답 0%)
　　1) 한국 여행을 다녀왔다　　　　　　　　　　　　　　　　　　50.3%
　　2) 한국어를 배우기 시작했다　　　　　　　　　　　　　　　　77.3%
　　3) 한국 요리를 자주 먹으러 간다　　　　　　　　　　　　　　55.6%
　　4) 한류를 통해서 새로운 친구·지인이 생겼다　　　　　　　　3.4%
　　5) 한류 이벤트와 콘서트에 참가하게 되었다　　　　　　　　　41.4%
　　6) 한류 관련 인터넷 사이트를 즐기게 되었다　　　　　　　　46.2%
　　7) 한국·한국 문화에 관한 봉사 활동을 하게 되었다　　　　　5.7%
　　8) 한류에 그치지 않고 더욱 널리 새로운 것에 도전하게 되었다　0.5%
　　9) 기타　　　　　　　　　　　　　　　　　　　　　　　　　10.8%

'한류' 문화와 일본의 여성들 - 현대사회 의식조사 -

문.9 『겨울연가』를 본 적이 있습니까? (N=437 무응답 0%)
  1) 있다   94.1%   2) 없다   5.9%

문.10 '한류' 드라마 속에서 가장 기억에 남는 드라마는 무엇인가(복수 응답 가능)?
  (N=437 무응답 0%)
  1) 가을동화   39.8%   2) 슬픈 연가   23.3%
  3) 파리의 연인   42.3%   4) 호텔리어   38.9%
  5) 올인   35.7%   6) 주몽   17.4%
  7) 궁   42.6%   8) 내 이름은 김삼순 53.5%
  9) 대장금   66.1%   10) 기타   45.8%

문.11 당신에게 '한류'란 무엇인가(복수 응답 가능)? (N=437 무응답 0%)
  1) 일상생활 속의 취미   76.4%
  2) 취미를 확대하는 수단   36.2%
  3) 사람과의 커뮤니케이션을 원활하게 하는 화제   23.3%
  4) 삶의 보람   17.4%
  5) 어학력을 향상시키는 수단   61.8%
  6) 한국 문화 및 역사의 정보원   57.4%
  7) 멋의 추구   2.5%
  8) 이국정서(엑조티시즘)을 자극하는 것   11.4%
  9) 노스텔지어를 환기시키는 것   22.4%
  10) 편안한 마음을 제공하는 것   32.7%
  11) 기타   6.6%

문.12 '한류'에 대해서 여러분의 의견이나 생각이 있으시면 적어 주세요.
  (원문 그대로를 게재함)

211) 50대, 정규직, 미혼
  한국 드라마에 빠지게 된 계기가 된 작품은 '아름다운 날들'입니다. 스토리는 물론, 음악도, 출연자도 좋았습니다. 가장 인상적이었던 곡이 일본 작품이라는 것을 나중에 알게 되었습니다. 'Remembering Me'입니다. 특히 이병헌 씨를 좋아해서 그가 나오는 작품의 책을 사고, DVD를 빌려서 많이 보았습니다. 역사를 좋아하는 까닭일까요? 유독 사극 중에 좋은 작품이 많은 것 같습니다. 드라마에 비해서 영화는 매력적인 작품이 별로 없어 유감스럽습니다. 또한 음악도 좋은 곡이 많이 있네요. CD를 10장 정도 가지고 있습니다. 노래방에서 한국어로 노래를 부르는 것이 꿈입니다.
일한문화교류회에서 한국어를 공부하고 있는데 진도가 천천히 나가서 다행입니다. 요리 교실에도 매달 참가하고 있습니다. 친구들이 매운 음식을 좋아하기에 부지런히 만듭니다. 지금 윤석호 감독이 삿포로에 거주하면서 일본어를 공부하고 있다고 들었습니다. 불과 2주 만에 놀라울 정도로 실력이 향상되었다고 들었습니다. 그에 비하면 우리들은 1년 반이나 공부하고 있는데 회화를 할 수 있는 사람이 아직 없습니다. 이 차이는 무엇인가요? 조금 충격입니다.

212) 40대 정규직, 미혼
저에게 있어서 한류는 한국어를 막 배울 무렵에 시작된 것으로, 이 정도까지 인기인 것이 정말 놀랍습니다. 어떠한 것을 계기로 하였든 간에 한국을 알고 한국에 대한 이해의 폭이 넓어질 수만 있다면 좋겠다고 생각합니다. 한류를 계기로 한국을 알게 된다면 그리고 한국이 잘 알려진다면…한국과 일본이 서로에 대해서 가지고 있는 오해와 충돌을 해소할 수 있지 않을까요? 정말 10년 전만 해도 상상할 수 없을 정도로 많은 한국 문화가 일본에 들어왔다고 생각합니다. 정말로 기쁩니다.

213) 40대, 정규직, 미혼
지금까지는 한국에 대한 지식이 없었습니다. 학교교육에서도 별로 접해 본 적이 없었고, 저 스스로 학습한 적도 없습니다. 한국과 일본이 오래전 옛날처럼 좋은 관계가 이어진다면 하는 바람입니다. 또한 '한류'가 붐에 그치지 않고, 오래도록 서로를 알 수 있는 기회가 되었으면 하고 생각합니다. 앞으로 가능하다면 '한류'에 관계되는 자원봉사 활동도 하고 싶고, 새롭게 역사에 대해서도 공부해 보고자 합니다.

214) 40대, 전업주부, 기혼
20년 전쯤에 한국어에 흥미가 생겨 '한류' 붐이 일기도 전에 공부해 오던 사람으로서, '대체 이 붐은 무엇인가?' 하는 기분이었습니다. 그래도 한국어 공부만을 생각한다면 드라마, 영화, CD 등을 간단하게 손에 넣을 수 있게 되었고, 여행도 가기 쉬워져서 기쁩니다. 하지만 전체적인 사회적 인식이 '한국어를 공부하고 있다=한국 붐을 타고 있다=욘사마나 이병헌의 팬?'인 것이 매우 싫었습니다. 『겨울연가』가 한국에서는 일본만큼 히트하지 못한 이유를 알 것 같습니다. 더 재미있고 한국적인 좋은 드라마가 그 밖에도 많이 있다는 것을 알기 때문입

'한류' 문화와 일본의 여성들 - 현대사회 의식조사 -

니다. 지금 '한류', '화류(華流)' 등은, 어떤 의미에서는 매스컴이나 상업 베이스가 만들어 낸 것이라고 볼 수 있습니다. 진정한 의미에서 상호 이해, 국제 교류가 이루어진다면 하고 소망해 봅니다. 제 생각을 잘 정리하지는 못했습니다만, 서로 노력했으면 합니다!

215) 50대, 파트타임, 기혼
한국 드라마를 보기 시작하고 한국어를 배우기 시작하면서, 저의 생활은 지금 매우 즐겁습니다. 많은 친구가 생기고, 친구의 폭이 점점 넓어졌습니다. 50세가 넘어서 학교에서 공부하는 이런 세상이 펼쳐질 줄은 미처 생각지도 못했습니다. 한국 드라마, 한국어 선생님께 감사합니다.

216) 40대, 정규직, 미혼
'한류'라는 말을 알기 이전부터, 한국 영화와 드라마를 좋아했기에, '한류'라는 것이 무엇인지 잘 모르겠습니다만, 정보 등을 손쉽게 찾아볼 수 있게 된 것은 기쁘게 생각합니다. 단, 일부에 치우쳐 있는 부분도 있습니다만….

217) 40대, 비정규직, 미혼
처음에는 한국어 학습을 위해서 보기 시작한 한국 드라마. 일본 드라마에는 없는 재미가 매력적이라고 생각합니다. 『겨울연가』도 보았습니다만, 처음에는 그다지 재미있다고 생각하지 못했습니다. 왜냐하면 일본어 대사로 들었기 때문입니다. 한국어를 어느 정도 이해할 수 있게 된 후에 보니 정말 재미있습니다! 지금은 아직 대사를 완벽하게 이해할 수 있는 것은 아니지만 '자막 없이 보고 이해하기', 이것이 저의 꿈입니다.

218) 50대, 전업주부, 기혼
'한류'는 매우 좋은 현상이고, 좋아합니다만, 일본 사람들은 북한과 한국이 하나가 아니라고 생각하는 사람이 많다고 생각합니다. '한류'라고 하면, 남한의 것이지만 여러 가지 정보를 참고로 하면, 한국 사람은 하나라고 생각하는 것 같습니다. 그러한 부분이 차이를 느끼게 합니다. 북한 사람은 나쁜 사람이라는 이미지가 있어서인지, 전혀 하나라고는 생각할 수가 없습니다.

219) 40대, 파트타임, 기혼
40대 후반입니다. 왜 '한류'에 빠져들게 되었는지 가끔 생각해 봅니다만, 내가 젊어서 연애할 때의 남성 이미지에 현재 드라마 등에 출연하는 배우들이 가깝기 때문이 아닌가 하고 생각합니다. 지금 일본의 중장년 여성은 일본 배우에 빠지지 않는데 한국 배우에는 빠지는 것 같습니다. 어쨌든 지금은 드라마를 보고 즐기며, 한국어를 배우면서 즐기고 있습니다. 때로는 재미없는 것도 있습니다…. 지금은 아이들 교육에 돈이 많이 들어서 아직 먼 미래의 이야기입니다만, 언젠가 한국여행을 해 보고 싶습니다.

220) 30대, 전업주부, 기혼
저는 한국어를 배우고부터 '한류'를 알게 되었습니다만, 이 '한류'라는 것이 일종의 유행으로 끝나지 않고, 스탠더드한 문화로 일본에 정착해 가고 있는 것이 기쁩니다. 앞으로도 계속해서 즐기고 싶습니다.

221) 50대, 전업주부, 기혼
처음 뵙겠습니다. 저는 50대 전업주부입니다. 한국이라는 국명으로만 한국을 나타냈던 시대를 생각하면, 지금은 '한류'라는 표현으로 한국이라는 나라를 나타낼 수 있는 시대가 되었습니다. 그것은 친근감이라고 생각합니다. 그것을 만든 것이 아줌마들이라고 하더라도, 많은 분들이 전후에 태어난 분들입니다. 유행이라고 하면 무언가 경박하게 생각되어지지만, 한편으로 유행이라는 것은 '사회현상'이라고 생각합니다. 사회현상을 만들어 낼 만큼 한국은 매력이 있다고 생각합니다. 앞으로도 한국의 매력에 빠져들고 싶습니다. 아무쪼록 건강하게 지내십시오!

222) 40대, 파트타임, 기혼
'한류'에 관한 (팬미팅 등의) 이벤트가 많이 있습니다만, 참가비가 비쌉니다. 신인과 젊은 '한류' 스타임에도 불구하고, 월드 스타의 이벤트 참가비와 비교해도 다르지 않은 것은 왜인가요? 이벤트가 갑자기 취소되는 일도 많습니다. 이벤트가 일주일 전에 중지가 되어도, 티켓 요금 외에 비행기 요금과 호텔 비용은 취소를 할 수가 없습니다. 또한 도쿄와 오사카에서 열리는 이벤트가 많아서 참가하고 싶어도 할 수 없을 때가 있습니다. 홋카이도에서 열리는 이벤트를 더 많이 늘려 주신다면 팬이 더욱 늘어나지 않을까요?

223) 40대, 전업주부, 기혼
처음에는 주변에서 일고 있는 『겨울연가』 붐을 조금은 깔보았던 저입니다만, 우연히 TV에서 보게 된 이후 지금은 완전히 한국 드라마에 빠지고 말았습니다. 이전과 같이 일본 드라마를 보는 일은 적어졌습니다. 자주 '한류' 친구들과 이야기를 합니다. "왜 일본 드라마는 시시한 걸까?"라고 말이지요. 모두들 한국 드라마만 보고 있습니다. 교통사고, 이복형제, 계모, 기억상실…'한류' 드라마에 있을 법한 아이템은 아무리 보아도 질리지 않고 알면서도 또 다시 보고 맙니다. 또한 새로운 젊은 배우들이 끊임없이 활약하기에, 이름을 외우는 것이 정말 힘듭니다. 젊은 배우들 중 고생하고 있는 사람이 많기에 모두 열심히 연기를 하고 있다고 생각됩니다. 그래서인지 보고 있으면 기분이 좋아집니다. 키가 큰 사람이 많은데 왜인가요? 한국인 전원이 장신인 것은 아닐 텐데 모두 180cm 정도는 되네요~~ '김치'를 먹기 때문일까요? 이런 농담을 친구들과 나누기도 합니다. 한국 드라마와는 반대로 최근의 한국 영화는 눈에 띄는 작품이 없네요. 한국에서 크게 히트 친 영화도, 그다지 좋은 영화라고는 생각되지 않습니다. 실제로 일본에서의 평판도 딱히 좋은 것 같지는 않습니다. 한국인과 일본인의 취향의 차이인가요? 최근에는 영화관에서의 상영도 적어진 듯합니다. 일본의 '한류' 붐도 '상업화' 하는 듯한 움직임이 있습니다만, 너무 이윤만을 목적으로 하지 말고, 오래도록 교류를 가능하게 하는 수단이 되었으면 합니다. ps. 최근에는 K-POP에도 빠져 있습니다.

224) 40대, 파트타임, 기혼
처음 접하는 한국의 문화, 일상생활을 TV 드라마『겨울연가』를 통해서 알게 되었고, 흥미를 가지게 되었습니다. 특히 산뜻한 색채에 놀랐습니다.

225) 30대, 전업주부, 기혼
한국 드라마를 만나서 나날이 충만한 시간을 보내고 있습니다. 또한『겨울연가』로 가족 간의 커뮤니케이션도 이제까지보다 좋아졌습니다 지금은 한국의 역사 등에도 조금 흥미가 있습니다. 또 보자기 등도 멋지다고 생각합니다. 언젠가 한국에 가면 사고 싶습니다. 앞으로도 TV와 영화, 그 밖의 '한류'를 즐길 수 있었으면 합니다. 일본과 한국 간의 교류도 더욱 잦았으면 합니다.

226) 50대, 자영업, 기혼
어떤 드라마를 보더라도 손윗사람들에 대한 말투와 태도는 보고 있으면 기분이 좋아집니다. 게다가 가족에 대한 배려도 감동적입니다. 예전의 일본도 그러했습니다만, 지금은 잊어버리고 있는 듯합니다. 저는 한국 드라마를 만나게 되어서 기쁩니다. 한국에도 몇 번이고 가 보았습니다. 앞으로의 인생에 즐거움이 늘어나서 기쁩니다.

227) 40대, 비정규직, 미혼
'한류'는 하나의 붐입니다만, 일본과 한국이 가까워질 수 있는 좋은 계기가 되었다고 생각합니다. 저 자신도 한국에 대해서 모르는 것이 많이 있었습니다만, 이 붐 덕분에 여러 가지를 알게 되었습니다.

228) 50대, 전업주부, 기혼
드라마 『겨울연가』를 보기까지는, 한국 드라마를 한 번도 본 적이 없었고, 영화도 본 적이 없었습니다. 그래서 배우도 아는 사람이 한 명도 없었습니다. 그러던 것이 하나의 드라마를 보게 되면서 저의 생활은 180도 달라졌습니다. 처음에는 드라마를 보는 것만으로 즐거웠습니다만, 한 배우의 팬이 되고부터는 매일 컴퓨터로 그의 정보를 찾거나, 홈페이지에 회원 등록을 하고, 다른 팬들과 교류도 시작했습니다. 그리고 이를 통해서 새로운 친구도 많이 생겼습니다. 한국 드라마를 만나지 않았다면 생각할 수도 없는 일입니다. 게다가 말을 이해하고 싶다는 생각에 '한국어' 공부를 시작했습니다. 저 자신도 정말 믿을 수 없는 일입니다. 남편도 매우 협조적입니다. 그리고 한국에도 여행을 가서, 고궁을 보기도 하고, 거리를 걷기도 하고, 드라마의 무대가 된 곳에 가보기도 했습니다. 일본에서 가장 가까운 나라인데도 그전까지는 해외여행지로 한 번도 생각한 적이 없습니다. 그러던 것이 지금은 가장 가고 싶은 곳이 되었습니다. 그러나 인터넷 등의 정보를 보면 일본 사람이 친근감을 가지고 있는 만큼 한국 사람들은 일본과 일본 사람에 대해서 특별한 감정이 없는 것 같습니다. 그것은 과거 역사상의 문제 등이 있기 때문이라고 생각합니다. 이렇게 한국을 가깝게 느끼기 전에는 저 역시도 전혀 알지 못했던 여러 가지 생각의 차이가 있겠지만, 그것을 극복할 수 있는 시대, 서로를 뼛속까지 느낄 수 있는 그날이 왔으면 합니다. 그러기 위해서는 나라와 나라의 교류도 중요하지만, 개인과 개인의 교류 또한 소중히 여겨 조금이라도 서로를 이해할 수 있었으면 합니다. 이것이 하나의 붐으로 끝나지 않고, 당연한 것이 되었으면 하고 기대해 봅니다. 저는 붐과는 조금도 상관없이 언제까지나 응원하고자 합니다. 두서없는 글이지만 연구에 도움이 된다면 그보다 더 기쁜 일은 없을 것입니다. 감사합니다.

229) 50대, 정규직, 미혼
KBS월드와 TV방송국에서 방영되는 드라마 속의 한국 생활을 엿볼 수가 있습니다. 드라마를 통해서 알고 싶은 것은 여성들의 일상생활입니다. '40대 이상의 여성들은 어떤 생각과 어떤 취미를 가지고 있는가?' 등. KBS월드의 '역사스페셜'은 녹화해서 보고 있습니다. '그곳에 가고 싶다'는 한국어를 자유롭게 구사할 수 있게 된다면 꼭 가보고 싶다는 생각이 들게 합니다. 드라마와 드라마에 관련된 정보는 많습니다만, 책에 관해서는 적은 것 같습니다. 베스트셀러와 어른이 읽는 그림책 등, 한국어를 공부하고 있는 사람으로서, 교재뿐만 아니라 일반 서적을 통해서도 더욱 깊이 한국을 알 수 있을 것이라고 생각합니다.

230) 40대, 비정규직, 미혼
'한류'라고 하는 표현은 별로 좋아하지 않습니다. 한국의 대중 예능과 젊은 배우들에게 빠지는 중장년 여성을 우스꽝스럽게 다루는 것도 보고 있으면 기분이 별로 좋지 않습니다.『겨울연가』는 처음으로 본 한국 드라마로, 실제와는 다르겠지만 현 시대의 한국 사람을 본 적이 거의 없었기 때문에, 드라마 내용과 함께 충격이 컸습니다. 머릿속에 어렴풋이 가지고 있던 선입관에 바탕을 둔 이미지와 매우 달랐던 것도 그 이유입니다. 저는『겨울연가』이후 한국의 TV 드라마는 앙케이트에 대답한 정도밖에 본 적이 없습니다. 다른 사람들의 권유를 받고 보기는 했지만 모두 다 회차는 길어도 즐겁게 볼 수 있었습니다. 외국의 번역본이 어느 정도 이상의 높은 레벨이듯이, 한국 드라마도 인기 배우가 출연한 것이라면 닥치는 대로 방송할 것이 아니라, 내용도 좋은 것을 수입해서 방송해야 한다고 봅니다. 그러지 않으면 정착하지 못할 것이라고 생각합니다. 또한 일본에서 '한류'가 일어난 것처럼 한국도 일본의 영향을 받아서인지, 음악과 영화에서 일본의 모방과 미국적인 작품이 많아져, 본래의 한국다움이 사라진 것 같습니다. 저는 '한류'를 계기로 한국어를 공부하기 시작했습니다만, '한류'라는 대중 예능을 넘어서 한국의 역사, 전통문화, 한일관계 등도 알고 싶어졌습니다.

231) 50대, 전업주부, 기혼
2000년인가 2001년인가, NHK 드라마 '성덕태자'에서 설경구라는 훌륭한 배우를 만나 감동했습니다. "어쩌면 이렇게 연기를 잘하는 배우인가!" 이후로 그의 작품은 거의 다 보았습니다. 저는 소리 높여 말하고 싶습니다! 한류스타는 배용준, 이병헌, 권상우만 있는 것이 아니라고. 그 밖에도 멋있는 배우가 많이 있는데······.

232) 30대, 전업주부, 기혼
저의 경우는 한국 여행을 계기로, 드라마 등에 흥미를 가지게 되었습니다. 그 당시는 '한류' 붐도 어느 정도 진정되기 시작하던 때라고 생각됩니다. 그러하기에『겨울연가』붐은 아줌마들이 떠드는 것일 뿐, 일본의 쟈니즈* 팬과 같은 느낌이라고 생각하고 보았습니다. 아니나 다를까, 그 당시의 욘사마 팬은 지금 손수건왕자** 팬이 되었다고 합니다. 일본 사람은 유행에 약한 민족이라 흥미가 오래도록 지속되지는 못합니다. 그러나 '한류' 붐을 계기로, 지금까지 소원했던 한국의 음악과 문화가 일본에 널리 알려지게 된 것은 좋은 일이라고 생각합니다. 지금까지 한국 드라마가 매일 TV에서 방영되는 일은 없었으니까요…. '한류' 붐이 아직까지 이어지고 있는지는 잘 모르겠지만, 저에게 있어서는 한국어를 공부하게 된 계기가 되었고, 한국에 대해서 알게 된 계기가 되었습니다. 다만, '한류'라는 유행의 표면적인 것을 일본 사람은 조금 더 정확히 알 필요가 있다고 생각합니다. 저도 무지한 일본인의 한 사람이라고 생각합니다. 앞으로 '한류'가 일시적인 유행이 아니라, 정착된 문화가 되었으면 하고 바라 봅니다. 그렇게 되면, 한국과 일본이 여러 가지 의미에서 더욱 가까워질 것이라고 생각합니다.

233) 60대, 회사 임원, 기혼
저에게 있어서 '한류'란 잃어버린 것에 대한 그리움입니다. 현재 한국도 일본과 마찬가지로 잃어가고 있다고 생각합니다만, 일본의 역사와 한국의 역사를 통해서 현재가 있고, 지금의 생활이 있는 것이라고 생각합니다. 좋은 것이든 나쁜 것이든 서로를 알아가는 것이 무엇보다도 중요하다는 것을…. 붐으로 끝나지 말고, 한국의 좋은 점을 앞으로도 계속해서 보았으면 합니다.

234) 50대, 파트타임, 기혼
『겨울연가』를 계기로 『대장금』을 보고 매우 감동했습니다. 『대장금』은 몇십 번인지 모를 정도로 보았습니다만, 반복해서 보아도 매번 신선함을 느끼며 다음 회가 보고 싶어지는 것이 참으로 신기했습니다. 어머니가 돌아가셔서 힘든 시기였습니다만, 『대장금』에 의지해 다시 힘을 내어 살 수 있었습니다.

236) 50대, 전업주부, 기혼
저에게 있어서 한국이라는 나라는 가까운 곳에 있기는 하지만, 정말로 먼 나라였습니다. 일본에 대한 반감이 강하다는 것은 저에게 있어서 어떤 의미에서는 같은 생각을 품게 하였습니다. 옛날 일들에 대해서 미안한 마음이 충분히 있었

* 쟈니즈는 일본 쟈니즈회사의 소속 탤런트를 지칭하는 말이나, 일반적으로 '멋있고 귀여운 느낌의 얼굴'을 한 남자 아이돌을 의미한다.(프리백과사전 『위키피디아』 참고)
** 일본의 고시엔야구대회에서 일약 스타로 떠오른 사이토 유키 선수를 가리키는 말로 당시 경기 도중 손수건으로 땀을 닦아 내는 품위 있는 모습을 보고 많은 여성 팬이 생겨나게 되었다.

지만 한편으로는 반발 심리가 들기도 했습니다. 하지만 최근의 '한류' 붐은 서로 같은 인간이라는 것을 느끼게 해 주었으며, 그런 의미에서 '이해할 수 있었으면' 하고 생각해 봅니다. 문화에 관해서도 서로의 닮은 점과 다른 점을 조금이라도 이해할 수 있었으면 합니다. 한국과 일본의 상호 교류를 위해서도 열심히 하시기를 바랍니다.

237) 60대, 전업주부, 기혼
매일 드라마를 보는 것이 매우 즐겁습니다. 드라마 속의 한국의 역사, 생활 등이 일본과 다르다는 것을 느끼게 됩니다. 특히 여성의 의지가 강함에는 놀랐습니다. 지금 노화하고 있는 뇌를, 한글을 배우면서 활성화시키고 있습니다만, 매우 어렵습니다. '한류' 덕분에 시야가 넓어져서 힘을 얻고 있습니다. 앞으로도 많은 정보를 얻을 수 있기를 바랍니다.

238) 60대, 전업주부, 이혼
조선반도에서 일본으로 많은 문화가 전래되었다고 들었습니다. 일본 고대로부터 전래되어 온 문화라고 생각했던 것들도, 그 바탕은 조선에서 그 기술이 전해져, 일본에서 다듬어 완성시킨 것이 많다고 느꼈습니다. 또한 그 당시 귀화한 사람들도 많다고 생각합니다. 그렇게 생각하면, 일본의 풍토는 모든 것이 독자적인 것이 아니라 과거의 교류를 통해서 만들어진 것도 상당 부분 있는 것이므로, 언어뿐만 아니라 문화와 사람들에 대해서도 상당히 친근감을 느끼게 됩니다. 드라마를 보면서 느끼는 것은 언어와 대사 등이 매우 매력적이라는 것입니다. 아직 공부 중이기에 알아듣지 못하는 부분도 상당히 있습니다만, 번역된 언어를 보고 어느 정도는 이런 식으로 생각하며 살고 있구나 하고 감동하며, 납득하기도 합니다. 난폭한 사람도 있겠지만, 주변 사람들을 소중하게 여기는 사람들의 모습이, 드라마 속의 비일상적인 삶이라고 하더라도, 때로는 참고하며 즐기고 있습니다.

239) 30대, 비정규직, 미혼
한국 드라마를 보게 되면서부터 한국어 혹은 조선어에 대한 이미지가 변하였습니다. 드라마를 보기까지는 북한의 뉴스 영상 정도로밖에 한국어를 접할 수가 없었으므로 매우 딱딱한 언어라고 생각했습니다. 하지만 드라마를 보면서부터는 매우 부드러운 언어라고 생각하게 되었습니다. 이웃 나라이지만 아직 알지 못하는 부분이 많이 있으므로, 앞으로 더욱 공부하고자 합니다.

240) 30대, 비정규직, 미혼
제가 생각하기에는 젊은 시절에 별로 연애를 즐기지 못하고 일찍 결혼해버린 세대 분들이, 자신의 자유로운 시간과 경제력을 가지게 된, 아주 절묘한 타이밍에 빠져들게 되었다고 생각합니다. 그 외의 세대에 대해서는, 역시 일본인 남성에게는 없는 것을 한국 배우에게서 찾고 있다고 생각합니다. 드라마 자체도 재미있는 부분이 많습니다. 일본 드라마는 젊은 계층을 대상으로 하고 있기에, 그 외의 세대에는 별로 어필하지 못하고 있다고 생각됩니다. 배우에 대해서도 일본의 배우는 아티스트 지향이 강하여, 어느 정도 연령의 배우이면서 스타성과 연기력을 함께 지닌 배우를 좀처럼 찾아보기 힘듭니다. 그러한 점이 제가 특히나 공감하는 부분입니다.

241) 50대, 전업주부, 기혼
일본과 한국의 과거 역사를 생각하면, 일본이 한국에 했던 일은 물론, 중국에 대해서도 정말로 죄송하고 잔혹한 일을 저질렀고 자신의 안위만을 생각하는 일이었다고 생각하는 바입니다. 저는 일본이라는 나라에서 살아왔으므로, 이 나라 안에서 얻은 지식으로 이와 같이 느끼고 있습니다만, 한국 분들은 얼마나, 어떠한 생각으로 지금까지 일본을 그리고 일본 사람을 보고 있었을까 하고 생각해 봅니다. 하지만 드라마가 유입되어 한국어도 배우게 되고 개인적으로 한국 분들과도 이야기해본 적이 있는데 과거의 역사는 서로 그다지 언급하지 않고 편하게 대해 주시기에, '제각기 생각은 있더라도 과거는 과거, 현재는 현재로 구분하고 일본에 왔나?' 하는 생각이 들었습니다. 지금까지 3~4년 정도입니다만, 한국 분들을 알게 되고 문화도 접하게 되면서 '정말로 한국 분들은 노력하는구나.' 하고 생각했습니다. 제 자식 세대의 일본 사람 중에도 그런 생각과 삶의 방식을 가진 사람들이 많았는데, 지금은 정말 '나만 좋다면' 식의 권리 의식만이 남아 있습니다. 왜 이렇게 변했을까요? 교육제도에 문제가 있었을까요? 이같이 한국을 알게 되면서 일본을 함께 생각하게 됩니다. 그런데 한국에 가서 놀라웠다고 할까, 불가사의한 기분이 들었던 것은, 외국에 왔다는 느낌이라기보다는 일본 국내 어딘가에 여행을 온 듯한, 얼굴을 보아도 닮은 듯한, 지하철, 버스도 비슷한 듯한, 글자만이 '아 한국이구나'를 느낄 수 있을 정도로 친근한 느낌이었습니다. '같은 민족이구나' 하고 새삼스럽게 느끼며 돌아왔습니다. 가까운 나라인데다 이렇게 닮아 있으니, 정말로 앞으로는 두 나라가 서로 좋은 관계로 발전해 갔으면 합니다.

242) 50대, 파트타임, 기혼
'한류' 드라마를 만난 지 3년 정도 되었습니다. 지금은 가깝게 느끼는 존재인 한국 스타들. 다양한 민간 교류를 거듭함으로써 양국의 국민성을 깊게 이해하고, 인정할 수 있다면 좋을 텐데 하고 생각해 봅니다. 우호 관계가 계속될 수 있기를 바랍니다.

243) 50대, 비정규직, 기혼
'한류'를 계기로 일본과 한국의 민간 레벨의 교류가 활발해졌다고 생각합니다. 사람의 교류, 물질의 교류, 나 자신도 '가깝지만 흥미가 없었던 나라', 어느 쪽인가 하면 불편한 나라였습니다. 하지만 이 4년간 11번이나 한국에 여행을 가고, 한국어뿐만 아니라 한국의 역사, 철학에도 흥미를 가지고, 다양한 책도 읽게 되었습니다. '한류'의 힘, 놀랍습니다!

244) 50대, 파트타임, 기혼
저는 현재 50대 주부입니다. 한국어를 배우기 시작해서 약 4년 정도 되었습니다. 처음에는 홋카이도대학에 남편과 함께 유학을 온, 저의 딸과 비슷한 나이의 여성에게 배웠습니다. 그녀가 귀국한 후에는 삿포로 도신문화센터에서 계속해서 공부하고 있습니다. 매스컴이 만들어 낸 '한류'에는 조금 거부감이 있습니다. 확실히, 현재 '한류'라는 흐름 속에서 제각기 즐기고 있는 분들도 많이 계십니다만, 그중에서 한국 여행, 드라마, 영화와 같은 것에 일시적으로 사로잡혀 있는 사람들이 늘어난 것도 사실입니다. 하지만 이렇게 만들어진 것을 어떻게 자신의 것으로 받아들여 소화하는가 하는 문제가 있습니다. 유행은 어디까지나 유행입니다만, 저는 이 유행이라는 것이 끝나지 않고 지속되었으면 합니다. 특히 젊은 세대의 사람들에게는…. 저는 그런 이유에서 지금까지 4년간 몇 번이고 한국에 가서, 물론 가족과 함께입니다만 다양한 것을 보고 듣고, 문화의 다름을 이해하고, 반성하며, 내 아이들도 다른 문화를 체험하게 하고 싶다고 생각했습니다. 비록 말이 통하지 않더라도 마음은 통합니다. 최근, 올해부터입니다만, 새로운 친구가 생겨 즐거움이 하나 더 늘었습니다. 생각해 보면, 제가 한국을 알게 된 것은 조부모, 아버지, 고모들이 전쟁 전에 일 관계로 살았던 적이 있어, 어렸을 때부터 이야기를 들었기 때문입니다. 조부는 지금의 북한에서 돌아가시고, 고모는 인천에서 돌아가셨다고 들었습니다. 아버지도 돌아가시고 어머니는 연로하셔서 기억이 분명하지 않습니다. 저 또한 앞으로 늙어 가는 몸으로 어떻게 해서든 고모가 돌아가신 곳이라도 찾아볼까 하고 생각합니다. 37세 때 처음으로 한국에 가보았습니다만, 현재 '한류'라고 불리는 때에 친구를 만들고 언어를 배우고, 한국을 잘 알게 되었습니다. 조금이라도 돌아가신 조부와 고모를 기억하고 싶은 마음뿐입니다.

245) 30대, 비정규직, 미혼
일본 드라마와 버라이어티가 전혀 재미있지 않다고 생각하고 있을 무렵 어머니가 권유해서서 『겨울연가』를 보았습니다. 그로부터 '한류' 세계에 빠져들었습니다. 한국 드라마는 배우, 음악, 스토리가 매우 멋있다고 생각합니다. 옛날 일본 드라마와 같습니다. 특히 한국 배우들에게는 프로 의식이 있어서 매력적입니다. 하지만 최근의 한국 드라마는 별로 매력이 느껴지지 않습니다.

246) 50대, 파트타임, 기혼
이웃 나라인 한국의 언어에 매력을 느끼고, 공부를 시작한 것은, '한류' 붐보다 조금 먼저였습니다. 한국 드라마에 푹 빠져 있는 친구들에게 조금 거리감을 느끼면서도 한국이 주목받는 것은 기뻤습니다. 가깝고도 먼 나라라고 불려 왔던 것이 아주 먼 옛날 일인 것 같습니다. 드라마를 통해서 문화, 역사, 생활 습관 등을 배우고, 깊이 이해하며, 가깝고 친근한 관계가 된다면 이보다 더 기쁜 일은 없을 것입니다. 매일 한국 드라마를 TV에서 볼 수 있고, 일본어 더빙이 아니라 자막으로 바뀌어 한국어 공부가 즐거워졌습니다. 앞으로도 공부를 계속하여, 한국에 여행 갔을 때나 일본에 오신 한국인을 만났을 때 회화를 즐길 수 있었으면 합니다.

248) 40대, 전업주부, 기혼
'한류'를 만나게 된 덕분에 매일매일의 생활이 충만해졌습니다. 드라마를 매우 좋아하기에 힘을 얻기도 하고, 주인공을 통해서 간접경험도 합니다만, 무엇보다도 한국어에 흥미를 가지고, 배우는 즐거움을 알게 되었습니다.

249) 30대, 정규직, 미혼
『겨울연가』를 보고 일본인이 잊고 있었던 따뜻한 정과 순수한 마음을 떠올리는 계기가 되었습니다. 가깝고도 먼 나라였던 한국을, 문화를 통해서 일본과의 거리를 좁힐 수 있게 되어 기쁘게 생각합니다. 『겨울연가』는 그렇게 좋아하는 드라마는 아닙니다. 너무나도 이상적이고 비현실적인 이야기이기 때문입니다. 하지만 배용준의 공적은 정말로 대단하다고 생각합니다. 한국 문화에 별로 흥미가 없는 친구들도 『겨울연가』, '배용준'의 이름은 알고 있으며, 저 자신도 그 덕분에, 다른 드라마와 노래, TV 프로그램 등에 흥미를 가지게 되었습니다. 또한 그로 인해 역사와 문화의 차이를 알게 되는 것은, 자신의 나라를 알게 되는 것도 됨으로 좋은 상승효과라고 생각합니다.

250) 50대, 파트타임, 기혼
드라마를 보면 일본은 주인공이 중심인물입니다만, 한국은 한 사람 한 사람의 다른 생각과 삶의 방식이 중심이기에 보기 편합니다.

251) 60대, 파트타임, 기혼
앙케이트 작성에 있어서 작성자의 선입관이 있었던 것은 아닙니까? 질문에 대한 해답란에 미디어가 주도한 '일본의 여성들'이 이미 존재하는 듯합니다. 조금 유감스럽게 생각합니다. 떠오르는 기억만으로 적어봅니다만, 1970년대에 시작된 '한국으로부터의 통신', '세계'의 편집 부분과 같은 적은 정보만으로는 이렇게 가까운 나라, 이렇게 깊은 관계의 나라를, 우리들 세대의 일본인은 좀처럼 알 수가 없었습니다. 몇십 년간의 답답함이 겨우 해소되는 것 같아 정말로 기쁘게 생각합니다.

252) 50대, 전업주부, 기혼
'한국 드라마'를 통해서 한국에 흥미를 가지게 되었습니다. 3년 전에 일을 그만두고, 자녀들도 성장하여, 『겨울연가』를 시작으로 계속해서 드라마, 영화를 보면서 이렇게 설레는 하루하루를 보내게 된 것에 매우 만족을 느낍니다. 한국어를 배우기 시작했는데 좋아하기에, 힘들지만 즐겁습니다. 포럼 등에 참가하여 저명한 분들의 이야기를 듣거나 감독의 이야기를 듣는 것도 매우 멋있습니다. 앞으로도 저의 '한류'는 멈추지 않고 진화할 것이라고 생각합니다. 나 자신의 진화를 믿으며….

253) 30대, 정규직, 미혼
이 정도로 '한류'라는 장르를 일본에서 받아들이고 있으니 한국도 일본 문화를 조금 더 받아들여 주면 좋지 않을까 생각합니다.

254) 60대, 전업주부, 기혼
『겨울연가』를 보고 노래를 좋아하게 되고, 뜻을 알고 싶어서 TV의 한글 강좌에서 공부를 시작했습니다만, 그것만으로 부족하여 지금은 학교를 다니며 배우고 있습니다. 하지만 좀처럼 향상되지는 않습니다. 우선은 사회자의 말을 이해할 수 있는 정도만이라도 되고 싶다고 생각하지만 아직 갈길이 먼 것 같습니다.

나이를 잊고 **빠져들** 수 있는 것이 생겨서 '한류'에 감사하고 있습니다.

255) 50대, 자영업, 기혼
거의 모든 드라마를 흥미롭게 보고 있습니다. '한류' 드라마가 감소하지 않도록 열심히 보고 있습니다. 한국 여행에서는 독립기념관과 나눔의 집 등을 가보았습니다. 이 평화 투어로 일본군의 잔혹함을 통감함은 물론, 같은 일본인으로서 미안한 마음이 가득했습니다. '한류'를 붐으로만 끝내는 것이 아니라, 한일의 이와 같은 슬픈 과거를 잊지 않고 계속 기억할 수 있도록 열심히 보고 책도 구입하려고 합니다! 또 한국에 가고 싶습니다.

256) 50대, 전업주부, 기혼
'쉬리'와 월드컵을 통해서 가깝고도 먼 아시아의 이웃 나라를 아는 것이 아시아에 속해 있는 일본에게 중요한 일이라고 생각하여 한글을 배우기 시작했습니다. 한글과 일본어의 공통점, 고대로부터 일본 문화에 끼친 영향을 알게 됨으로 점점 한글 공부가 재미있어지면서 한국에 대한 친근감을 느끼게 되었습니다. 지금까지의 한국어는 '안녕하십니까.' 밖에 몰랐으며, 뉴스에 나오는 한국은 라이벌 의식을 드러내고 반정부 운동이 주를 이루는, 군사 국가의 역사가 긴 나라라는 인상을 받았습니다. 그리고 그 책임의 일부가 일본에 있으므로 일본인은 죄의식을 느끼고 있습니다. 한국도 '일제(日製)는 좋아하지만, 일제(日帝)는 싫다'와 같이 '좋아해서는 안 되는 나라 일본', '일본 문화 개방 반대'의 상황이었기에 가까이하기 힘들었습니다. 그러한 때에, '한류' 드라마를 보고, 한국 사람들 한 사람 한 사람의 감정과 가족 관계, 한국인도 우리와 똑같은 인간이라는 것을 알게 되었습니다. 특히 『겨울연가』는 일본 여성의 심금을 울리는 것이 많아서 많은 일본 사람들이 흥미를 가지기 시작했고, 그 이후 여러 가지 면에서 한국 정보가 늘어난 것에 대해 기쁘게 생각합니다. 좋고 싫음에 관계없이, 정치 이외의 사람들의 정보, 문화의 정보가 늘어나서 일본인의 관심도 생겨나게 되고, 역사를 직시하는 사람도 늘어났다고 생각합니다. 또한 한국인도 그 반응에 기뻐하며 일본 문화 개방이 진행되었다고 생각합니다. 서로가 몰랐던 것, 오해하고 있었던 것이 너무 많았다고 생각합니다. 유학생과 워킹홀리데이로 온 젊은이들과 교류하여 그들이 일본에 대하여 조금이라도 좋은 인상을 가질 수 있었으면 합니다.

257) 40대, 전업주부, 기혼
원래는 역사 배경에 흥미가 있던 나라였지만, 뉴스에서 다루고 있는 한국은 '반

'한류' 문화와 일본의 여성들 - 현대사회 의식조사 -

일'에 관한 내용뿐, 20년 전에 유학을 하였던 미국에서 만난 한국 여성도 '일본 사람 싫다'는 반응으로 완전히 싫어하는 나라 중 하나가 되었습니다. 그것을 풀어준 것이 문화의 하나인 드라마라는 것은 참 아이러니한 일입니다. 한국에서 문화가 흘러오고 있으므로 일본 사람에게 전달되지 않을 이유가 없습니다. 한국 사람이 일본 사람을 싫어하는 마음을 정확히 아는 사람이라면, 깊은 관계의 교류가 가능하다고 믿습니다. 이어령 선생님도 말씀하셨듯이 "우리들은 아시아 사람이므로 협력해 나간다면 필시 좋은 문화를 만들 수 있을 것"입니다. 이것이야말로 일본인의 가치관을 바꾼 '한류'라고 생각합니다. 아시아가 하나로 통일되어 커다란 흐름을 만들 수 있도록, 젊은 세대들이 노력해주었으면 합니다.

258) 60대, 자영업, 기혼

'이웃 나라인데 모르는 것이 많다'는 것을 깨닫게 되었습니다. 일본과 문화적으로 보더라도 유사한 부분이 많이 있고, 그 옛날, 일본으로 망명한 사람들의 피가 전국적으로 폭넓게 우리들 속에 이어져 오고 있음에도 불구하고 말입니다. 정말로 사이좋게 지내지 않으면 안 되고, 그렇게 될 것이라고 생각합니다. 그런 생각을 가지게 해 준 것이 드라마였습니다.

259) 50대, 전업주부, 기혼

안녕하세요. 현재 '한류' 스타로 불리는 많은 사람들이 도쿄, 오사카로 이벤트를 위해 방문하고 있습니다. TV, 잡지 등에 모여 있는 사람들의 수가 나와 있습니다. "오~! 굉장한 사람"이라고 한 때는 놀랐습니다. 하지만 가수와 달리 배우들은 드라마, 영화의 내용으로 인정받는 사람들이므로, 악수와 토크 등으로는 언젠가 싫증이 나지 않을까, 또 사람 수가 적으면 시들해졌다고 보도되지 않을까 걱정입니다. 보러 갈 수 없는 지방에 사는 사람으로서는 열등감도 있습니다. 『겨울연가』 이외의 드라마, 영화도 본 뒤, 한국에는 훌륭한 배우들이 많이 있다는 것을 알게 되었습니다. 그래서 더욱 좋아졌습니다. 지인들 중에는 "겨울연가는 모두가 떠들어대니까 싫어!"라고 말하는 사람도 있습니다. 꼭 다른 작품을 보여주고, 한국의 문화와 역사에 관심을 가지게 하고 싶습니다.

260) 40대, 간호사, 기혼

저에게 있어서 '한류'란 무엇인가? 제가 지금 한국도, 배용준도 알지 못하고 『겨울연가』도 모르고 있었다면 어떠했을까? 일과 집안일과 남편과 아이……. 아이들에게 잔소리를 하고, 남편을 지주하며, 컴퓨터도 사용하지 않고, 지금의 일도 순조롭지 못했을 것이라 생각합니다. 운동은 좀 좋아하는데, 과연 당구는 하고 있었을까? 어쨌든 저를 적극적인 여자로 바꾸어 준 것은 확실히 한국 드라마의 배용준 씨입니다.

261) 50대, 파트타임, 기혼
일본의 TV 드라마조차 보지 않았던 나 자신이 지금 한국 드라마에 빠져 있는 것이 불가사의합니다. 스포츠와 뉴스밖에 보지 않았는데 시간을 효율적으로 사용하게 되었습니다. 무엇이 그렇게 마음을 자극하였는가 하면, 바로 편안함과 그리움, (선정적이거나 자극적이지 않아) 보고 있으면 안심할 수 있는 내용입니다. 일본 드라마는 전개가 빨라서 이해하기가 어렵습니다. 하루의 일을 마치고 돌아와서 집안일을 정리한 뒤, 단 30분이라도 한국 드라마, DVD를 보려고 합니다. 제 눈으로 직접 한국을 보고 싶고, 한국어로 말도 걸어보고 싶습니다. 그리고 실제로 가 보았습니다. 말도 걸어보았습니다. 한국 사람들은 어느 것 하나 실망시키지 않았습니다. 가깝고도 먼 나라였는데 지금은 매우 좋아하는 나라가 되었습니다. 지인이 생기고 일반인의 교류의 폭도 넓어졌습니다. 이것은 분명히 TV 드라마『겨울연가』가 계기입니다. 한 편의 드라마로 이렇듯 관심을 가지고, 교류를 시작하고, 새롭게 역사를 되돌아보고, 반성도 하며 희망을 가지게 되어 감사하다고 말하고 싶습니다. 가족들도 "생기 있는 어머니 괜찮네."라고 말합니다. 지금까지는 내가 너무 심했나? 가족 모두가 함께 이야기할 수 있는 화제가 늘어났습니다. 행복한 일 아닌가요? 또 손윗사람들에 대한 공경을 떠올리게 해 주었습니다. 사람과 사람의 관계를!

262) 30대, 전업주부, 기혼
항상 생각하는 것입니다만, '한류=아줌마'라는 것이 매우 유감스럽습니다. 한국 드라마를 좋아한다고 말하는 것이 부끄러울 때조차 있습니다. 저도 충분히 '아줌마'입니다만…. 더욱 폭넓고 다양한 사람들이 한국 드라마와 영화를 보고 그 좋은 점을 알았으면 합니다.

263) 60대, 전업주부, 기혼
이제라도 늦지는 않았다고 생각합니다만, 조금 더 빨리 알았더라면 하고 조금은 안타깝게 생각합니다. 최근 일본어를 전혀 못하는 사람들과 알게 되었습니다만 한국어를 반 정도만 이해할 수 있어서 더욱더 공부하여 언젠가는 자원봉사로 도움을 줄 수 있는 날이 오기를 바랍니다.

264) 30대, 정규직, 미혼
'한류'를 통해서 이웃 나라 한국이 더욱 가까워지기를 바랍니다. 일본과 한국의 역사를 더욱 이해하고 싶습니다.

265) 40대, 비정규직, 미혼
'한류'라고 하면 『겨울연가』를 시작으로 드라마 중심이라는 말을 자주 듣기는 합니다만, 현재는 문화와 전통 같이 더욱 넓은 의미의 교류를 나타낸다고 생각합니다. 그래서 드라마 중심의 이야기만 하는 것은 좀 실망입니다.

266) 50대, 전업주부, 기혼
'한류' 붐에 의해서 일본과 한국 사람들의 교류가 빈번해지게 된 것은 매우 좋은 일이라고 생각합니다. 아직 여러 가지 문제가 국가와 국가 사이에 있다고 생각합니다만, 민간인인 우리들로서는 드라마, 영화, 요리, 여행 등으로 이해가 깊어진다면 얼마나 좋을까 하고 생각합니다. 드라마 속 한국의 예의 바른 생활이나 손윗사람들에 대한 태도, 요리를 하는 장면 등은 매우 흥미롭습니다.

267) 60대, 파트타임, 기혼
계기는 『겨울연가』부터였습니다. 그리고 현재는 배용준의 팬이 되어 있습니다. 겨우 한 사람에게 이렇게 빠져든 것이 놀랍기도 하지만 한편으로는 납득이 됩니다. 무엇이 그렇게 만든 것일까요? 용모는 말할 필요도 없고, 내면으로부터 느껴지는 것, 즉 노력하는 모습, 성실함, 부드러움 등을 보면 정말로 마음이 온화해지는 기분입니다. 그의 성장, 어떻게 나이 들어가는지, 또 어떠한 모습을 보여 주는지, 그것을 바라보면서 나 자신도 나이가 들어가는 것? 이것이 저의 '한류'입니다. 한글을 공부하고, 서울에 가고, 꿈 같은 일이지만 편지를 쓸 수 있었으면 하는 생각에 한글과 한국의 여러 가지 문화를 배우고 싶습니다.

268) 50대, 전업주부, 미망인
'한류'라는 것은 처음에는 늦은 시간에 오래된 드라마를 방송하는 정도로 보았습니다만, 이제는 일본 사람들의 생각과는 전혀 다른 사람들, 얼굴은 닮았지만 지금의 우리들이 잊고 있었던 것을 떠올리게 해 주는 드라마가 많다고 생각합니다. 한국 드라마 덕분에 저는 언어와 역사, 인간에 대해서 더욱 알고 싶어졌습니다. 만약 『겨울연가』를 보지 않았더라면, 지금까지 가까운 나라에서 흥미 없이 살고 있었을 것이라고 생각합니다. 전쟁에 관한 것은 우리들의 학생 시절에는 전혀 배우지 않았습니다. 드라마로부터 많은 역사를 배웠습니다. 한국 드라마, 고맙습니다.

269) 60대, 전업주부, 기혼
'한류', 어떻게 이렇게 되었는지 저는 잘 모르겠습니다. 지금이 당연한 것이고 이전이 잘못된 것이겠지요. 제가 한국을 배우기 시작한 때와 비교하면 엄청난 차이입니다. 12월에 베트남에 여행 갔을 때, 엘리베이터에 혼자 타고 있었는데 7~8명의 한국 사람들이 들어왔습니다. 제가 문을 잡고 있었더니 "땡큐."라고 말하는 것입니다. 그래서 "천만에요."라고 말하자 모두가 저를 주목하였습니다. 그것이 기뻐서 조금 이야기를 하였는데 잘 한다고 칭찬을 받고는 너무나도 기뻤습니다. 5월에 남편과 돗토리 현의 이즈모에 갔을 때, 한국어가 들려 저도 모르게 "안녕하세요."라고 말하였습니다. 그랬더니 2명의 여성들에게 또 주목을 받고 조금 이야기를 나누고 또 칭찬을 받아 너무나도 기뻤습니다. 남편에게도 자랑했습니다. 저는 그냥 한국 사람과 이야기하고 싶어서 향상되지 않아도 계속해서 공부하고 있습니다. 한국과 한국 사람이 좋기 때문에.

270) 50대, 파트타임, 기혼
좋아하는 배우들을 보고, 한국 드라마를 보고, 한글을 배우고, 올해 4월에는 처음으로 간 해외여행이 한국이었습니다. 너무나 즐겁고 기뻤습니다. 지토세에서 출발하는 왕복은 불만입니다. 느긋이 지낼 수 있는 시간은 1박뿐이니까요. 개인적으로 가는 한국은 일반 가격인데 왜 한류 스타의 패키지가 되면 어처구니없이 높은 금액이 되는 것일까요? 그것에 끌려 가는 일본 사람도 나쁘지만, 일본 사람 모두가 부자는 아닌데 슬프네요.

271) 50대, 파트타임, 기혼
'한류' 드라마를 보기 시작하고 약 3년이 지났습니다. 다양한 국민성의 차이도 있습니다만, 근본적으로 일반 국민의 생활과 마음은 일본도, 한국도 그다지 다르지 않은 것 같습니다. 단지 핵가족화가 진행되고 있는 지금의 일본에서는 볼 수 없는 이웃 간의 관계, 가족의 소중함이 한국에서는 너무나도 중시되는 것을 알 수 있습니다. 그러한 점에서 현대 일본인에게 있어서 그리움과 함께 동경의 의미로 '한류'가 유행하고 있다고 생각합니다. 저도 다양한 이벤트와 콘서트를 찾아가며 즐기고 있습니다만, 주변 친구들 모두가 입을 모아 말하는 것은 참가비 책정이 너무나 비싸다는 것입니다. 적어도 일본 국내에서 개최될 때에는 일본의 베이스에 맞추어 주었으면 합니다. 이대로 계속된다면 경제적으로 여유 있는 일부 사람들만의 즐거움으로 전락하여, 지금까지의 발전이 쇠퇴해질 수도 있습니다. 그렇게 되는 것은 결코 모두가 바라는 것이 아닙니다. 앞으로 더욱 문화 교류가 발전하고, 양국의 관계가 보다 좋아지기를 바랍니다.

272) 50대, 파트타임, 기혼
세상이『겨울연가』, '배용준'으로 떠들썩해서 어떤 것인지 한번 봤는데, 완전히 푹 빠져버리게 되었습니다. 저희 세대 사람들에게는 어딘가 그리움을 느끼게 하고, 안타까운 남녀 사이를 보며 현대에 잊고 있었던 무언가를 떠올리게 해 주었습니다. 그때까지 한국이라는 나라가 있다는 것을, 물론 알고는 있었습니다만, 사람들이 어떠한 생활을 하고 있는지, 어떤 언어를 사용하고 있는지 생각해 본 적이 없습니다. 실은 이보다 앞서 3편의 영화를 봤습니다만…. 그리고 생활 스타일도, 언어도 비슷한 점이 많은 것에 놀랐습니다. 한국어 공부를 시작하고 차차 문화와 역사에도 흥미를 가지게 되었으며, 지금은 특히 일본과의 깊은 관계, 예를 들면 일제시대를 포함하여 에도시대에서 아스카시대, 야요이시대에 이르기까지 매우 관심이 큽니다. 또한 한국을 여행할 때에 일본어를 구사하는 몇몇 사람들을 만난 것도 충격이었습니다. 정치적인 문제도 상당히 있습니다만, 그러한 점을 뛰어넘어서 일시적인 '한류' 붐으로 그치는 것이 아니라, 앞으로 오래도록 좋은 관계를 구축할 수 있기를 바랍니다.

273) 50대, 전업주부, 기혼
영상도 음악도 훌륭합니다. 배우들의 연기도 더할 나위 없이 훌륭합니다. 그것을 잘 살려 낼 수 있는 각본이 있었으면 합니다. 드라마의 결론 부분은 재고의 여지가 있습니다. 대사, 행동, 촬영 장소 등이 여러 드라마에 중복되어 있습니다. 독자성을 중요시하는 일본의 방송계에서는 생각할 수도 없는 일입니다. 하지만 그러한 부분도 재미있어서 다시 보게 됩니다. 냄비째로 라면을 먹던 모습을 손자에게는 보여줄 수 없습니다만, 공부를 해서 성공하려고 했던 시절이 그립습니다.

274) 50대, 전업주부, 기혼
'한류=비련의 드라마'라고 단정 짓는 사람들이 아직 많아서 조금은 유감스럽게 생각합니다. 역사 드라마와 사회적인 문제를 다룬 드라마, 가슴 깊은 곳에서부터 즐길 수 있는 희극과 좋은 드라마, 영화가 많이 있네요. 스토리 전개도 좋고 저는 매우 즐겁게 보고 있습니다. 아직 보지 않은 사람들은 모처럼의 즐거움을 스스로 포기하는 것은 아닌지…라고 생각할 정도로 오래된 작품 쪽에 반사회적인 요소가 강한 내용이 많이 있네요. 최근 작품은…조금 상업적인 방향으로 치

우치는 경향이 있는 듯. 이웃 나라인데 너무나도 모르는 것이 많아서, '한류' 붐을 통해서 더욱 한국을 알고 싶어졌습니다. 일본의 침략으로 얼마나 많은 사람들이 목숨을 잃고, 상처를 받고, 지금도 고통 속에서 살아가고 있는지를 포함해서, 다음 세대의 아이들에게 정확하게 이야기를 전달해 주는 것이 우리 세대의 사명이라고 생각합니다. '한류'를 계기로 하여 사실을 분명히 전달하는 것의 중요함과 더불어 상호 이해가 이루어지지 못하면 양국의 진정한 교류는 없을 것이라고 생각합니다.
ps. 한국의 배우는 매력적이네요. 지적이고, 직업의식도 투철한 것이 느껴집니다. 또한 예의 바른 모습도 보기 좋네요.

275) 50대, 전업주부, 기혼
'한류'와 관련된 콘서트와 이벤트가 너무 고액이라서 불신을 가지는 사람들이 조금씩 늘어나는 것이 걱정입니다. 배우에게는 책임이 없는데도 불구하고, 한국 측의 악독함이 역겨워서 '한류'를 떠나는 움직임이 진행되는 것이 눈에 띄기 시작했습니다. 주부는 한국 측이 생각하는 만큼 부자가 아니기에 조금 더 양심적이었으면 합니다. 한국에서는 무료에 가까운 팬미팅이 일본에서는 15,000엔이나 하는 것 역시 부당하다고 생각합니다.

276) 40대, 파트타임, 기혼
한국어를 배우기 시작한 지 반년 정도입니다. 앞으로 여러 가지 정보를 찾아서 '한류'를 즐기고 싶다고 생각하는 바입니다. 9월에 처음으로 한국 여행을 하기에, 매우 기대하고 있습니다. 한국어는 좀처럼 향상되지 않습니다만, 조금씩이라도 계속해서 공부하고자 합니다.

277) 40대, 파트타임, 기혼
저에게 있어서 '한류'란 지금까지와는 다른 친구, 다른 지인과의 만남입니다. 처음에『겨울연가』로부터 시작한 드라마 시청도 한국 방송과 별 차이 없이 바로바로 보게 되면서 점점 더 빠져들게 되었습니다. 처음에는 제 취향의 드라마가 그다지 많지 않아 즐기지 못했습니다만, 최근에는『궁』,『건빵선생~』,『김삼순』등, 즐겁게 보고 있는 것이 아주 많아서 기쁩니다. 이것을 계기로 한국어도 배우고, 회화를 익혀 여행도 갔다 왔습니다. 그리고 가장 좋았던 것은 친구가 늘어난 것입니다. 전혀 알지 못했던 사람과 친해지면서 메일을 주고받고, 드라마 방송분을 서로 빌려 주기도 하고, 같이 식사를 하러 가기도 합니다. 이 친구 8명과 다음 달에 한국에 갑니다. 지금부터 너무 설렙니다.

278) 50대, 파트타임, 기혼
드라마를 보고 감동을 받아, TV로밖에 알지 못합니다만 사람들에게 친근감을 느끼고, 아주 조금입니다만 한국 역사도 공부 중이며, 이것저것 알고 싶어졌습니다. 한국으로 여행도 가고 싶습니다. 권상우 씨를 좋아합니다.

279) 40대, 전업주부, 기혼
무엇이 그렇게 좋은지, 저도 잘 모르겠습니다만 마치 중독된 것 같습니다. 주로 대여점에서 빌려봅니다만, 5개 1,000엔 하는 식이기에 5개 혹은 10개를 한꺼번에 빌립니다. 신작이면 2박 3일에 반환하도록 되어 있는데, 한꺼번에 빌리지 않으면 다른 사람이 빌려 가 다음에 가게에 가도 없을 수 있어서, 항상 한꺼번에 빌리게 됩니다. 덕분에, 하루에 6~8시간 TV 앞에 붙어 앉아서 드라마를 보기에 항상 수면 부족입니다. 그래도 멈출 수가 없습니다. 비와 류, 드라마의 OST 등, TV를 보지 않을 때에도 하루 종일 틀어 놓습니다. 일본어 가사의 노래도 있습니다만, 한국어가 아니면 시시합니다. 마트에 갈 때도 MD를 들으면서 갑니다. 계산대에서 기다릴 때도, 버스를 기다릴 때도 전혀 지루하지 않습니다. 갱년기로 우울한 시간을 보냈습니다만, 거짓말처럼 하루하루가 즐겁고 행복합니다. 한국 드라마 최고입니다.
드라마의 내용도, 배우도 중요하지만 한국어라는 것이, 한글이 나온다는 것이 저에게는 더 중요하기에, 더빙 등은 쓸데없는 친절이라고 생각합니다. 오히려 일본어 자막 외에 한글 자막이 있으면 좋을 텐데 하고 생각합니다. 한국 드라마가 재미없어진다면 저는 어떻게 해야 하나 하고 생각합니다.
살아있다는 것이 시시하게 생각될지도….
참고로 배용준도, 최지우도 좋아하지 않습니다. 류시원은 보고 싶지도 않습니다. 좋고 싫음이 확실합니다. 비는 노래도, 춤도, 드라마도 최고입니다.

280) 30대, 공무원, 미혼
'한류' 붐이 시들해졌다고 말합니다만, 저는 정착한 것뿐이라고 생각합니다. 지금까지 '가깝고도 먼 나라'였던 한국의 다양한 것을 알 수 있는 기회가 늘어 그것에 흥미를 가진 사람들이 좀 더 깊이 알고 싶어 하는 것일 뿐, 냄비 근성의 일본 사람이기에 유행을 타는 사람은 다시 다른 유행을 타는 것이겠지요. 다만…생각해 보면 한국의 젊은 사람은 외국에 흥미를 가지고 있는 사람이 매우 많은 것 같은데, '한류'라는 것에 초점을 맞추어 보면 일본의 젊은이도 한국에 더욱 흥미를 가지면 좋을 텐데 하고 생각해 봅니다.

281) 40대, 전업주부, 기혼
항상 생각하는 것은, 스타의 팬미팅 등이 도쿄, 오사카 등에서만 이루어지고 있다는 것입니다. 삿포로에서도 그런 기회가 더 있었으면 좋겠다고 생각합니다.

282) 50대, 전업주부, 기혼
저는 '한류'라는 말을 별로 좋아하지 않습니다만, 4년쯤 전에 붐에 편승한 한 사람입니다. 『겨울연가』의 매력에 빠져들게 되어 한국에 대한 흥미가 생겨났고, 한글을 읽고 싶어서 한국어 공부도 하기 시작했습니다. 저의 주변에도 그런 사람이 많이 있습니다. '1%의 기적'을 보고 특히 연애 이외의 것에서 영향을 많이 받았습니다. 그 이후로 한국 유학생을 받는 등, 저의 인생에 매우 커다란 영향을 끼친 드라마입니다. 지금은 대체적으로 붐이 진정되었다고 생각합니다. 저는 오히려 그러는 것이 더 좋다고 생각합니다. 붐이 아니라 정말로 한국에 흥미가 있는 사람이 다른 나라에 흥미를 가지는 것과 마찬가지로 한국에 대해 공부하고 관심을 가지게 된다면 그것 자체로 좋은 것이기 때문입니다. 인생 공부를 하게 해 준 한국에게 감사합니다.

283) 50대, 전업주부, 기혼
'한류'에 감사하고 있습니다. 배우 이병헌을 알게 되었으니까요! 친한 친구가 드라마를 보고 즐거웠다, 재미있다고 말하지 않았더라면 알지도 못했을 겁니다. 한국에 대해서 아무것도 모르는 자신을 전에는 아무렇지도 않게 생각했습니다. 뉴스 장면에서 알게 되는 한국의 이미지는 다음과 같았습니다.
- 자주 싸움을 하는 나라
- 몸을 바둥거리며 울부짖는 나라
- 공기가 나쁜 듯한 혹은 너더분한 나라
- 냄새와 매운 맛이 강한 나라
- 여성의 자기주장이 강한 나라
- 기타 등등

하지만 '한류' 붐으로 인해 한국의 생활 및 그 밖의 것이 알고 싶어졌습니다. 조금씩 알게 되면서 관점이 바뀌었습니다. 처음에는 '배우 이병헌을 보고 싶다! 알고 싶다!'로부터 시작하였습니다만, 그의 훌륭한 인간성을 알게 되면서 더욱 한국 사람들의 생각과 사고방식, 관점, 부드러움, 친절함을 발견하게 되었습니다. 왜 뉴스의 이미지는 그러한지? 우리들 일본인이 이해하지 않으면 안 된다고 생각하게 되었습니다. '왜 그러한가?'가 아니라, '그럴 수밖에 없었다'고. 한국이 너무나 좋아졌습니다. '한류' 붐, 감사합니다. (물론 이병헌을 소중히 잘 키워주

었기 때문입니다)

284) 50대, 전업주부, 기혼
일상의 즐거움이 늘어나서 좋습니다. 일본에서는 부모와 자식 간의 유대 관계가 엷어지고 있는데, 드라마를 보고 있으면 한국에서는 매우 강해 보입니다. 지금도 그러하다면 정말 부러운 일입니다. 한국어도 배우기 시작하였습니다. 어렵지만 즐겁습니다. 다양한 음식, 여행 등을 즐겨 보고 싶습니다.

285) 50대, 전업주부, 기혼
일본에 더욱 많이 들어왔으면 합니다. 앞으로를 기대하며 시간이 허락하는 한 보겠습니다.

286) 50대, 전업주부, 기혼
제가 한국어를 배우기 시작한 지 2년 가까이 되어갑니다. 나날이 어려워지지만, 드라마를 보고 대사를 흉내 낸다든지, 남편을 상대로 연습을 한다든지 하여 지금은 가족들도 간단한 한국어 단어를 알게 되었습니다. 드라마로부터 시작한 제 자신의 '한류'입니다만, 지금은 한국 여행도 남편과 함께 2번이나 다녀왔습니다. 동대문, 남대문, 명동, 인사동…. 즐겁고 활기차서 완전히 푹 빠져버렸습니다. 음식도 맛있고, 가깝고도 먼 나라라고 하지만 지금은 다르네요. 한국어를 배우고 있습니다만, 이야기할 수 있는 기회가 학교 말고는 없습니다. 삿포로는 도쿄와 달라서 한인 타운도 없고, 한국어를 접할 수 있는 기회도 없습니다. 그래서 저는 차선책으로 근처에 있는 '마당'이라는 한국 음식점에 가서 틀리더라도 한국어로 이야기를 하면서 조금 만속하는 정도입니다. 한국어를 배운다는 것은 매우 어려운 일입니다만, 지금은 한글도 읽을 수 있게 되었고, 조금은 쓸 수도 있게 된 것을 마음속으로 자랑스럽게 생각합니다. 앞으로도 계속해서 공부해 나가고자 합니다.

287) 30대, 비정규직, 미혼
'한류'라는 단어에는 저항감이 있습니다. 이 단어에서 떠오르는 이미지는 공항에서 "꺄악, 꺄악!" 하고 왁자지껄 떠드는 아줌마들의 모습입니다. 순수하게 한국어를 공부하고 있는 사람으로서 그러한 괴력의 아줌마들과 닮은꼴이라고 생각되는 것 자체가 거부감이 듭니다. 하지만 그런 아줌마들의 소동 덕분에 다양한 드라마와 영화가 일본에서 상영되고 있는 것이 아닌가 하는 생각이 들기에, "그대로 열기 식지 말고 떠들어 주세요!" 하고 생각할 때도 있습니다. 더욱 편안한 마음으로 '한류'를 즐기고 싶은데 팬미팅과 이벤트 등은 너무 비싸서, 가고 싶어도 갈 수 없을 때가 많습니다. 오리지널 한국어를 듣고 싶다든지, 실시간으로 한국을 알고 싶다든지…한국에 대한 관심은 깊어 가는데, 좀처럼 만족할 수가 없습니다. 계속 새로운 드라마를 보고 싶고, 많은 영화를 보고 싶습니다. 그리고 K-POP의 라이브도 삿포로에서 보고 싶습니다. 촬영지로 홋카이도는 인기가 있는 듯한데, 도쿄에 비하면 이벤트가 적어요! '한류' 붐이 끝난 것은 아닙니다. 더욱 즐기고 싶어 하는 사람이 많이 있습니다. 지금은 '한류' 붐이 아니라, '한류' 문화가 되어 완전히 뿌리를 내리기 일보 직전…그런 느낌이 아닐까요?

288) 30대, 비정규직, 미혼
일본에는 없는 것을 깨닫게 해 주는 것이 많습니다.

289) 50대, 전업주부, 기혼
'한류'를 통해서 타문화를 접한다는 것은 정말 좋은 일이라고 생각합니다.

290) 50대, 정규직, 미혼
안녕하세요. '한류' 드라마를 보게 되면서, 한국의 이미지가 완전히 바뀌었습니다. 바뀌었다는 표현보다는 문화적 충격이라고나 할까, 한국 사람은 매우 근면하고, 예의를 중요하게 생각합니다. 실은 일본 사람은 우물 안 개구리입니다. 지금 아시아에서 국민 의식이 가장 훌륭하다고 할까, 가장 높다고 할까, 이것이 확실한 나라는 한국이 아닐까요? 일본인이 더욱 정신 차리지 않으면 안 되겠다고 생각하게끔 합니다.

291) 50대, 비정규직, 미혼
제 여동생으로부터 2003년이었던가, 잊어버렸습니다만 재미있는 드라마가 있다고 소개받은 것이 『가을동화』였습니다. 한국 영화는 보았습니다만, 한국 드라마는 처음이었기에 우선 놀랐습니다. 음악이 '금지된 놀이', 제게 있어서 '금지된 놀이'는 프랑스 영화를 떠올리게 하며, 또 예전의 그리운 드라마 '사랑과 죽음을 직시하며'를 연상시킵니다. 제가 생각하는 '한류'는, 과거의 그리운 애수 같은 것입니다. 그것과 한국의 무언가 굉장한 에너지 같은 것에 압도되는 듯한 느낌입니다. 그리고 일본이 어딘가에 두고 온 듯한 무언가를 떠올리게 하는 느낌이라고나 할까요?

292) 60대, 전업주부, 미망인
'한류'가 영화, 드라마, 음악이기에, 일본 사람이 특히 민감하게 받아들이고 반응하는 것일 수도 있습니다. 불타오르기 쉽고 쉽게 식어버립니다. 빠르고 늦고의 차이일 뿐 흘러들어 온 것은 흘러가게 마련입니다. 붐을 조금이라도 오래 머물게 하려면, 작품성 있는 영화, 드라마, 음악이 이어지는 길뿐이라고 생각합니다. 붐이 완전히 사라지는 것은 아니라고 생각합니다만, 남는 것은 역사, 문화, 타국 생활의 영향을 받은 것이라고 생각합니다. 현재, 일본사람의 식탁에 '김치'가 올라오는 것은 그렇게 신기한 일도 아닙니다. 자신이 직접 만드는 일본인 주부도 있습니다. 이것이야말로 '한류'가 아직 남아 있다는 것을 보여 주는 것이라고 생각합니다. 음악, 즐거운 드라마, 그리고 박용하 씨, 감사합니다.

293) 60대, 전업주부, 기혼
할리우드 드라마, 영화, '좋구나', '멋있다' 하며 몇십 년이나 봐 왔습니다. 타문화였습니다. 한국 드라마를 보았더니 언어와 문자는 달라도 친근한 문화였습니다. 특히 집 안에 들어갈 때 신을 벗고 들어가는 것 등….

294) 50대, 정규직, 미혼
'한류'가 붐이 되어, 언어와 패션, 한국 정보가 들어오는 이때, 지금도 일본에 대해서 좋지 않게 생각하는 세대가 있다는 것을 알았습니다. 저는 전쟁을 모르는 세대 사람입니다만, 전쟁이 끝나고 60년 이상이나 지난 지금도 그러한 감정이 노골적인 것에 슬픔을 느낍니다. 일본인이 나쁜 일을 저질렀다는 것은 사실입니다만, 저는 전쟁이라는 상황이 그렇게 만들었다고도 생각합니다. 일본인 중에도 전쟁으로 인해 상처를 입은 사람이 많이 있다고 생각합니다. 앞으로 일본과 한국이 새로운 관계로 함께 교류하고 공존할 수 있는 좋은 환경을 만들어 간다면 얼마나 좋을까 하고 소망해 봅니다. 저는 앞으로 유학을 해서 한국어와 한국 문화를 더 배우고 싶습니다. 조그마한 것이 계기가 되어 한국어를 배우고 한국어에 빠지게 되었습니다. 공부를 하면 할수록 한국에 가고 싶다는 마음이 강해집니다. '한국에는 무엇이 있을까?' 하는 작은 호기심을 가지고 지금 공부하고 있습니다. 앞으로 계속해서 한국이라는 나라를 좋아하고 싶습니다.

295) 40대, 정규직, 미혼
제가 한국어를 공부하기 시작했을 때(2002년 4월)는 '한류'라는 말이 아직 없었습니다. 그러던 것이 그럭저럭 하는 사이에 커다란 붐이 일어, 한국 여행의 여비가 비싸지고, 여행지에서 한국 사람을 만나면 꼭 "욘사마 좋아하세요?"라는 질문을 받게 되어, '한류가 빨리 지나가면 좋을 텐데' 하고 생각하고 있습니다. 배용준 씨는 좋아하지 않습니다만 그와 그의 드라마 덕분에 지금까지 한국에 전혀 흥미가 없었던 많은 일본인이 한국을 알게 되었습니다. 『겨울연가』보다 재미있는 드라마는 많이 있습니다만, '혹시 『겨울연가』가 방송되지 않았다면 어떻게 되었을까?' 하는 생각이 듭니다. 『겨울연가』가 달성한 일은 대단합니다.

296) 50대, 전업주부, 기혼
'한류'를 알고부터, 다른 나라의 문화, 역사, 사람을 더욱 알고 싶어졌습니다. 특히 한국과 일본의 관계에 흥미를 가지고 있습니다. 역사책을 자주 읽게 되었습니다. 여행을 좋아하는데, 외국에 가서 메뉴와 간판을 읽을 수 있는 것이 매우 기쁩니다. 지금 영어를 조금씩이나마 공부하고 있습니다. 언젠가는 스페인어도 공부하고 싶습니다.

297) 40대, 전업주부, 기혼
드라마, 영화를 보는 것만으로 부족하여 한국어 공부를 시작하게 되었습니다. 연령에 상관없이 많은 사람들과 즐길 수 있어, 이제는 생활의 거의 대부분이 '한류'입니다. 공부는 생각보다 어렵고 힘듭니다만, 언제나 함께 공부하는 사람들과 서로 격려하면서 공부하고 있습니다. 좋은 선생님을 만나게 된 것 또한 기쁩니다. 많은 만남을 정말 행복하게 생각합니다. 항상 협조해 주는 남편에게도 감사의 마음으로 가득합니다.

298) 50대, 전업주부, 기혼
해외에 대한 흥미, 관심이라면 이전에는 미국과 유럽이 중심이었고, 이웃에 있는 나라이면서도 저와 같은 아줌마들은 전혀 무관심으로 살아왔습니다. 영화 '박치기'에서 보는 바와 같이 조선인이라고 하면 남과 북의 구별조차 알지 못하고 옛날 어른들이 멸시하는 것을 듣더라도 어떠한 저항감 없이 살아 왔습니다. '한류' 붐이 시작되기 전에 저는 처음으로 가깝고 싸다는 이유로 한국 여행을 갔습니다. 거기서 우연히 만나 길 안내를 해 주셨던 고령의 남성 분이 유창한 일본어로 친절하게 이야기하시는 것을 들으면서 잊고 있었던 점령당한 나라의 슬픔을 알게 되었습니다. 저희들이 어렸을 때 분명히 배웠던 것 같지만 지금은 완전히 잊어버린 무지한 저를 뼈저리게 느끼게 되었습니다. 헤어질 때 "우리는 가족입니다."라고 웃으면서 악수하고 헤어졌습니다. 어떠한 마음으로 강제로 일본어를 배웠을까 하고 생각하면 가슴이 아픕니다. 부끄러워졌습니다. 그 이후 '한류' 붐이 일어났습니다. 연예인에 대한 흥미라도, 지금까지 전혀 관심이

없었던 이웃 나라의 일에 관심을 가지는 모습이 좋습니다. 조금씩 한국을 알아
가는 것이 문화와 역사로 연결되는 첫발이라고 생각합니다. 이대로 붐이 쇠퇴
하지 말고 이어지기를 바랍니다. 단, 드라마와 영화의 내용이 너무나도 있을 수
없는 내용입니다. 계속 이런 패턴이면 그 내용에 질릴 것 같습니다만…. 저는
이해하면서 보고 즐기고 있습니다. '우리 가족'에 대한 사상이 한국과 일본의 커
다란 차이라고 생각합니다. 이 생각이 많은 일본 여성, 특히 아줌마에게 열렬히
사랑받는 요인 중 하나가 아닐까요? 타인에 대한 배려도 마찬가지입니다. 참고
로 저는 '우리 가족'의 뜻이 알고 싶어서 한글을 공부하기 시작했습니다만, 이미
일본에는 없는 보물과 같은 단어이네요.

슬프고 아름다운 사랑
따뜻하고 감동적인 스토리
모두가 '한류'

299) 40대, 자영업, 미혼
'한류' 덕분에 드라마와 영화를 일상적으로 보게 된 한편, 그것이 유행으로 인식
되어버렸습니다. 이전부터 영화는 한국 영화를 포함해 극장에서 감상하는 것을
좋아했습니다만, 한국 영화를 보러 가는 것을 망설이게 되었습니다. '한류'로서
고조된 흐름에 대해서는 기쁘게 생각하지만, 지나친 면도 두드러져서 그것을
부채질하는 보도에 거북함을 느낍니다.

300) 50대, 전업주부, 기혼
드라마를 통해서 일본인이 잊고 있었넌, 부모와 가족을 소중하게 여기는 마음,
손윗사람을 공경하는 마음 등을 떠올리게 되었습니다. 특히 아직 젊은 사람들
사이에서 경어가 똑똑히, 자연스럽게 사용되고 있는 것을 듣고 있으면 마음이
편안해집니다.

301) 60대, 전업주부, 미혼
'한류'가 계기가 되어, 인적 교류가 활발해지고, 문화 및 사람을 직접 접하는 것
이 커다란 힘이 된다고 생각합니다. 기본은 인간, 그리고 다음으로 ○○인, 우
선은 아는 것, 접하는 것…. 한국에서도 '일류'나 일본의 매스컴이 조금 더 소개
된다면 좋겠습니다.

302) 50대, 파트타임, 기혼
저는 '한류'라는 말은 싫어합니다. 매스컴에서 '한류'를 이야기할 때면, 아줌마들이 '한류' 스타를 쫓아다니는 것을 비정상적으로 담아서 그 모습을 소개하며 세상의 웃음거리로 만들기 때문입니다. 저는 확실히 『겨울연가』를 보면서 한국이라는 나라를 지금까지와는 다른 관점으로 보게 되었습니다. 한국어를 배우게 되면서 한자라는 공통점도 발견하게 되었습니다. 역사 속 일본과의 관계를 배우면서, 왜 가깝고도 먼 나라라고 불리게 되었는지를 알게 되었고, 문화를 배우게 되면서 친근감을 느끼게 되었습니다. 이것이 제게 있어서 '한류'입니다. 하지만 왜 이렇게까지 한국이라는 나라에 빠지게 되었을까요? 왜 미국과 유럽 국가가 아닌가요? 왜 로망을 느끼는 것일까요? 모르겠습니다. 최근에는 꽤 시들해지고 있습니다만, 앞으로도 교류와 정보교환 등 같은 아시아 민족끼리 사이좋게 지냈으면 하고 생각합니다.

303) 40대, 파트타임, 기혼
이 '한류' 붐이 하나의 계기가 되어 일본과 한국의 거리를 좁혀 나갔으면 합니다. 가깝고도 먼 나라였던 한국이 이제는, 패스포트가 필요하기는 하지만 같은 일본을 여행하는 듯한 느낌으로 여행할 수 있게 되었습니다. 한국에 대해서 아무것도 몰랐던 시대와 비교하면 굉장한 차이입니다.

304) 50대, 전업주부, 기혼
『겨울연가』를 보고 나서 다른 여러 가지 '한류' 드라마를 보게 되고, 한국에 흥미를 가지게 되었습니다. 손윗사람을 존경하는 마음과 태도에는 항상 감동을 받습니다. 지금 일본의 현상과 비교해 보면 참으로 부끄럽습니다. 같은 아시아인데 자신의 생각을 확실히 이야기하는 것도 일본인에게는 없는 부분으로, 재미있습니다. 가깝고도 먼 나라가 가깝고도 가까운 나라가 되었습니다. 앞으로도 좋은 점은 서로가 인정하고 이해하면서 사이좋게 지냈으면 합니다.

305) 40대, 전업주부, 기혼
'한류' 붐으로 한국의 배우들이 일본에 많이 오고 있습니다만, 한국 매스컴의 보도를 보고 있으면 과장된 표현이 많이 보여 위화감을 느낍니다. 저는 배용준 씨의 팬이기는 하지만, 한국에는 그 밖에도 멋있는 배우들이 많이 있다고 생각합니다. 그런데 한국 매스컴은 "배용준보다도 ~~다!", "이렇게 굉장한 인기다!"라고 과장되게 기사를 씁니다. 모처럼 멋있는 배우와 작품이라고 생각하다가도 흥이 깨져버리는 경험이 몇 번이나 있었습니다. 배용준 씨와 비교하거나, 일부러 폄하하지 말고, 개개인의 장점을 어필하는 것이 좋지 않을까요? 저 역시 배용준 씨를 알고부터 한국에 대해서 공부하기 시작했습니다. 그동안 한국에 대해 너무나 몰랐던 것을 깨닫게 되었습니다. 불행한 과거도 있습니다만, 앞으로는 서로를 소중히 여기며 사이좋게 지내기를 바랍니다.

306) 40대, 파트타임, 기혼
드라마를 보기 전에는 한국에도, 한국어에도 관심이 없었습니다. 드라마는 처음에 더빙으로 보았는데, 빈틈없는 설정과 스토리 전개에 끌려 보았습니다. 일본인과 한국인은 겉모습이 닮아 있고, 사회 상황도 비슷한 부분이 많아서 무리 없이 볼 수 있었습니다. 그러던 중 여러 가지 다른 부분과 행동 패턴, 마음을 표현하는 데 있어서의 차이 등이 보이고 그것이 또한 재미있게 느껴졌습니다. '한류'와 '한류' 드라마를 통해서 많은 사람들이 한국 문화와 사고방식을 알게 된 것은 정말 대단한 일이라고 생각합니다. 일본과 한국은 닮은 부분이 많지만 '같다'라는 전제하에 교류를 시작하면 다른 것에 대한 실망감과 오해가 발생하기 쉽습니다. 어떤 나라 사람과의 교류도 마찬가지겠지만, 우선 '다르다'는 것을 전제로 스타트하는 것이 좋지 않을까요? 거기서부터 시작하면 '같다'는 것에 대한 기쁨과 공감이 생겨날 것이고, 넓은 마음으로 서로를 인정할 수 있을 것이기 때문입니다. 저는 드라마에 나오는 노래 가사를 계기로 한국어를 공부하기 시작했습니다만, 언어를 알아가는 것도 그 나라를 이해하기 위해서 매우 좋은 일이라고 생각합니다. 언어는 그 나라의 문화와 사고방식에 깊이 뿌리내리고 있으니까요. 언어를 배우기 위해서는 우선 그 문화와 사고방식을 무조건 받아들일 필요가 있습니다. 자신과 다른 사고방식을 받아들이는 것은 마음의 유연성과 개방성으로 이어진다고 생각합니다. 서로의 나라에 흥미를 가지고 문화와 사고방식을 이해하는 사람들이 많아질수록, 쓸데없는 마이너스 이미지가 줄어들고, 이해와 함께 좋은 관계를 쌓아갈 수 있을 것이라 믿습니다. 드라마를 통해 많은 인간관계와 사례를 보게 되면, 개인적인 체험만으로 나라 전체를 좋다, 나쁘다, 좋아한다, 싫어한다고 조급하게 판단하는 것이 줄어들지 않을까요? '한류'를 통해서 한국과 한국인에게 관심을 가지고, 나아가 일본과 일본인에 대해서도 다시 생각해 보게 된 것을 행복하게 생각합니다.

307) 30대, 파트타임, 기혼
'한류'를 통해 일상생활에서는 접할 기회가 별로 없던 다른 연령층의 사람들과도 사이좋게 지내면서, 나 자신의 세계가 보다 넓어진 것 같다는 생각이 듭니다.

308) 30대, 간호사, 미혼

저는 '한류' 붐이 하나의 계기가 되어 한국에 흥미를 가지고, 삿포로 한국교육원에서 한국어를 공부하기 시작했습니다. 그러한 저의 의견이 조금이라도 도움이 될 수 있다면 다행입니다. 일본이라는 타문화 속에서 생활과 공부는 힘들다고 생각하지만, 건강에 주의해 열심히 하기를 바랍니다.

309) 50대, 전업주부, 사별

약 15년 전, 당시 초등학교 2학년이었던 딸의 반에 한국에서 '소영'이라는 여자아이가 전학을 왔습니다. 그것이 계기가 되어 그 어머니 행순 씨와 교류를 가지게 되었습니다. 조금이라도 회화를 할 수 있도록 한글을 공부했습니다. 그 뒤로 3년 정도 있다가 그분은 귀국하게 되고, 저의 한글공부도 그렇게 끝이 났습니다. 하지만 지금의 '한류' 붐은 제 안에 잠자고 있던 '한류'를 일깨워 주었습니다. 미디어에, 드라마에 점점 가까운 존재가 되었습니다. 최근 3년간 매일매일 드라마를 2~3개는 보고 있습니다. 그러던 중 소식이 끊겼던 행순 씨와 너무나도 이야기가 하고 싶은 마음에 한국어를 기초부터 배우고자 올 4월부터 공부하기 시작했습니다. '한류' 붐은 제 인생의 후반에 생각지도 못한 '즐거움'을 가져다주었습니다. 그리고 옛 친구를 다시금 떠올리게 한 '은인'입니다. 앞으로 열심히 공부해서 서울의 행순 씨와 재회하여 한국어로 말하고 싶고, 전화도 걸어보고 싶다고 간절히 생각합니다. 끝까지 도전해 보고자 합니다.

310) 50대, 전업주부, 기혼

제게 있어서 '한류'란, 많은 만남을 선사해준 고마운 통로입니다. 오사카에서 한국 분들과 친구가 된 것이 최고의 만남이라고 생각합니다. 전혀 다른 세계가 펼쳐지고, 50대에 이렇게 진지하게 공부하게 되다니 생각지도 못한 일입니다. 몇십 년 영어를 배워도 한 마디도 못하는, 외국어 알레르기를 지닌 중년 세대이지만 한국어 문법은 이해하기 쉬웠습니다. 지금도 편지를 써서 한국에 부칩니다. 하지만 이야기하는 것은 어렵습니다. 5년째 발음을 고치고 있습니다. 젊었을 때 프랑스 영화가 유행하였는데, 그 예쁜 언어를 동경했습니다. 그 당시가 불어였다면 지금은 흐르는 듯한 한국어의 울림을 동경합니다. 한층 더 말해 보고 싶어집니다. '예쁜 한국어를 말하고 싶다.'고 생각하고 있는 '한류' 팬입니다.

311) 30대, 파트타임, 기혼

1. 일본인과 달리 흑백을 확실히 합니다. 좋아하는 것은 좋다고 말하고, 싫어하는 것은 싫다고 말합니다. 즐거운 것은 마음으로부터 온몸으로 즐거움을 표

현하고, 슬픈 일은 인생의 마지막인 것처럼 큰 소리로 웁니다. 보고 있으면 '과장된 표현이다. 지나치다고나 할까…'라는 생각이 들지만, 지금은 오히려 부럽다고 생각합니다. 확실히, 그 한마디로 인해 기쁘기도 하고, 상처를 입기도 하고, 고민을 하기도 하지만, 모두 상대를 배려하는 기분이 전해집니다. 덕분에 전에는 부끄러워서 말하지 못했던 것도 지금은 말할 수 있게 되었습니다. 조금이기는 하지만 이것 역시 '한류'의 영향일지도?!

2. 그리고 일본에 대해서도 다시 보는 계기가 되었습니다. 한국어 수업을 들으면 문법은 물론이고, 지금까지 의문조차 품지 않았던 '잡학적인 일본의 의문'에 대해 배울 수 있습니다. 일본인이기에 일본의 것은 알고 있다고 생각했습니다만, 새삼 알고 나면 정말 신선하다는 것을….

3. 한 가지 의문입니다. 저는 'K-POP'에서 묘미를 느끼며 한국어에 흥미를 가진 한 사람입니다. TV에서 MV(뮤직비디오)를 보고 있으면 항상 남편이 물어오는 것이 있습니다. "왜 한국의 MV에는 '조직폭력배' 이야기가 많을까?"라고. 생각해 보면 이러한 설정의 MV, 정말 많네요. 몇 번이고 여행을 갔습니다만 조직폭력배는 본 적이 없습니다. 그러한 '음지의 사회'가 정말 있는 건가요?

313) 30대, 대학 비서, 미혼
'한류'를 통해서 한국어를 배우게 되고, 이것을 계기로 같은 취미를 가진 많은 친구들을 만나게 되었으며, 더욱이 한국인 친구도 늘어났습니다. 30대에 들어서 이와 같이 친구의 폭이 넓어지리라고는 꿈에도 생각지 못했습니다.

314) 40대, 파트타임, 기혼
한국어를 교실에서 3년간 배우고 있습니다만, 회화가 전혀 늘지 않습니다. 회화를 중심으로 가르쳐 주는 유학생이 있으면 좋으련만 하고 항상 생각하고 있습니다. 역시 가까이에 한국인이 없으면 좀처럼 실력이 늘지 않네요!

315) 50대, 파트타임, 기혼
드라마를 보고 있으면 저의 청춘 시대가 떠오릅니다. 가족에 대한 생각, 남녀 간의 생각, 지금 일본인이 잃어버린 사고방식이 남아있는 듯합니다. 젊은 시절부터 어학을 배우고 싶었기에 '한류' 드라마를 접하게 되면서 그 바람을 이룰 수 있도록, 주 1회의 수업입니다만, 매우 즐겁게 공부하고 있습니다. 하지만 공부를 하면 할수록 어려워집니다. 서두르지 않고 계속해서 공부하고 싶습니다. 드라마를 통해 한국에 대한 것, 일본과의 관계, 언어 등을 배우면서 고쳐나가고 싶습니다.

316) 30대, 자영업, 미혼
'한류' 붐이라는 표현은, 개인적으로 붐 이전부터 케이블 등에서 드라마를 보거나 영화를 보거나 음악을 듣고 있었으므로 솔직히 좋은 기분은 아니었습니다. 이전에는 인터넷 등에서 알게 된 정보로 개인적으로 한국에 가서 팬미팅에도 참가했습니다만, 이제는 팬이 된 사람이 너무 많아서 이벤트도 고액이 되었습니다. 좋아하긴 하지만 지금은 다소 식은 느낌으로 보고 있습니다. 그래도 어학으로서는 흥미가 있어서 공부는 계속해 나가고 싶다고 생각합니다.

317) 50대, 전업주부, 기혼
처음에는 붐이라는 이미지에 끌려 보았습니다. 하지만 순식간에 그 표정이나 마음이 담겨 있는 연기에 끌리게 되었습니다. 붐이 언제까지나 지속되지는 않습니다만, 배우라고 생각되는 사람들은 언제까지나 존재한다고 생각합니다. 일본의 배우 중에도 연기를 잘 하는 사람이 있습니다만, 한국 배우 분들이 작품의 깊은 곳까지 생각하는 듯한 느낌이 듭니다. 붐이 지나더라도 언제나 응원하고자 합니다. 덕분에 한국의 생활, 음식 등 여러 가지 흥미가 생겨 즐겁습니다. 정 많은 한국인을 좋아하기에 몇 번이고 한국에 가고 싶습니다.

318) 60대, 이혼
저는 실은 KBS WORLD(SKY Perfect TV)에서 방송되고 있는 '태조 왕건'을 열심히 보고 있습니다. 역사 드라마가 가장 재미있습니다.

319) 50대, 전업주부, 기혼
이 몇 년 동안 한국 여행을 5번 다녀왔습니다. 활기가 있고, 식사도 입에 맞고, 사람들도 친절하여서 갈 때마다 좋은 추억이 생겼습니다. 저도 조금씩 한국어를 말할 수 있게 되어 관광지가 아닌 장소에도 가 보게 되었는데, 일본어를 말하시는 노인 분들이 많은 것을 깨달았습니다. 이것은 역시 전쟁의 영향이겠지요. 일본인 관광객의 한 사람으로, 지금까지 한국의 밝은 부분만 보고 왔습니다만, 무언가 '한류' 붐에 편승하여 들떠 있던 저 자신이 부끄러워졌습니다.

320) 60대, 전업주부, 기혼
'쉬리'를 보고 한국 영화의 높은 수준에 감탄하였습니다만, 여전히 한국은 가깝고도 먼 나라였습니다. 그 관념을 완전히 깨트린 것이 『겨울연가』였습니다. 캐스팅, 음악, 스토리 전개, 영상미, 모든 것이 훌륭해서 한국 드라마의 최고봉이라고 모두에게 인정받는다 생각합니다. 『겨울연가』나 욘사마는 1천 명의 외교

관에 상당하는 공적을 올렸다고 생각합니다. 2004년 춘천 등을 여행하고, 2005년에는 한국 영화를 많이 보고, 2006년에는 한글 강좌를 수강하였습니다. 기억력도 감퇴하고, 예습, 복습도 전혀 하지 않는 제가 공부를 계속하고 있는 것은 전적으로 강좌의 선생님이 훌륭하시기 때문입니다. 전자 기기는 삼성이 비약적으로 발전하고 있네요. 경제 발전이 눈부신 한국과는 친근한 이웃 나라로서 서로 절차탁마하는 관계가 이어졌으면 합니다. 스포츠의 경우 피겨스케이팅의 연아 선수는 정말로 좋네요. 응원하고 있습니다. 일본이 전전의 조선반도 분들에게 행한 침략 행위를 정말로 죄송스럽게 생각하며, 또한 민족이 분단되어 있는 고통을 마음에 새기고자 합니다. 그런 마음이 바탕이 된 후 '한류'를 즐기고 위로받아야 한다고 생각합니다.

321) 30대, 비정규직, 미혼
한국어 공부를 시작한 뒤에 '한류' 붐이 일어났기에 TV에서 쉽게 여러 가지 한국 드라마를 볼 수 있게 된 지금의 상황을 매우 감사하게 생각하는 바입니다. '한류' 붐이 단순히 붐으로만 끝나지 않고 한국과 일본이 더욱 서로를 이해하고 사이좋게 되는 계기가 되었으면 합니다. 그리고 그 관계가 계속해서 이어져 간다면 정말로 좋은 일이 될 것이라 생각합니다.

322) 40대, 파트타임, 기혼
한국 배우의 팬미팅과 서울 투어에 참가한 적이 있습니다만, 가격이 너무 비쌉니다. '한류' 팬 사이에서는 '사기'라는 말도 있습니다. 지금은 좋아하기 때문에 보러 가기는 하지만, 앞으로도 계속 이렇다면 '한류' 자체에 불이익이 생기지 않을까 하고 생각해 봅니다. 원래 팬미팅은 한국에서는 무료라고 늘었습니다. 그렇기에 너무 비싼 것이 납득이 가질 않습니다. 한 번 가면 가까워서 몇 번이고 가고 싶어지는 나라이니 투어 요금이 저렴하다면 더욱 부담 없이 갈 수 있을 텐데. 홋카이도에서는 오후에 출발했다가 다음날 오전 중에 돌아옵니다. 2박 3일이더라도 하루밖에 즐길 수 없는 것이 유감입니다. 비행기 편도 좀 더 늘렸으면 합니다.

323) 60대, 이혼
작가 '하야시 마리코'가 한 말입니다만, 40, 50, 60대 여성이 젊은 시절 맛본 향수를 『서울연가』에서 보고 있는 것은 아닐까요? 일본인이 보기에는 너무나도 비일상적인 내용이 많아서 조금 다른 생각이 듭니다. 저는 다른 사람들처럼 단순하게 '드라마'에 공감하지는 않습니다. 너무나도 뜬금없는 스토리 전개에 김이 샙니다. 픽션이라고는 하지만 너무 뻔한 설정은 불쾌합니다. 바보 취급을 당하는 듯한 기분이 듭니다.

324) 40대, 전업주부, 기혼
2000년에 본 영화 '쉬리'를 통해 처음으로 한국에 흥미를 가지게 되었습니다. 그 뒤 '8월의 크리스마스'를 보고, 분명 슬픈 결말인데 다 보고 난 뒤 하루 종일 마음이 행복하고 따뜻한 기분이 들어 '이렇게 **좋은** 영화를 만드는구나.' 하고 생각하며 일본에 들어오는 영화를 거의 다 보았습니다. 축구도 아주 **좋아**해서 2002년에는 한석규의 월드컵 CM을 보고 흥분하여, 일본이 진 뒤에는 열렬히 한국을 응원했습니다. 드라마는 『겨울연가』가 처음입니다. 그때부터 축구 프로그램을 보려고 시청하고 있던 SKY Perfect TV로 KNTV를 보게 되면서, 지금은 77세의 어머니까지 함께 즐기게 되었습니다. 서울에도 몇 번이나 가 보게 되고, 문화, 역사, 생활 전체가 저를 매혹시켰습니다. 저에게 있어서 한국은 이미 '한류'라는 붐이 아니라 저의 일부가 되어버렸습니다. 한국과 일본이 저희들만의 짝사랑이 아니라 함께 좋아하는 날이 오기를 기대합니다.

326) 40대, 전업주부, 기혼
아이들의 교육도 일단락되고 혼자만의 시간을 가지게 된 어느 날, 지금으로부터 3년쯤 전, 한국 드라마를 만나게 되면서 눈을 뜨게 되었습니다. 정말 설레는 마음으로 눈물을 흘리며 감동하였습니다. 오랜만이었던 것 같습니다. 어쨌든 대사가 좋습니다! 대화가 지적이고 철학적인 것이 굉장히 좋고 감동적입니다. 가족 중심인 것도 친근감을 가지게 합니다. 손윗사람을 공경하며 부모를 소중히 여기는 것도 매우 좋다고 생각합니다. 지금 일본 젊은이들의 한심한 모습과 향상심이 전무한 모습을 보고 있자면 저절로 눈이 돌아갑니다. 일부 사람들만이 의욕을 가지고 있는 듯합니다. 저의 자녀 교육 방침은 '무엇이든 자신이 정열적으로 할 수 있는 것에 전력 질주하여 끝까지 해 나가자'는 정신을 심어 주는 것으로, 아이들은 지금 자신의 목표를 향하여 열심히 달리고 있습니다. 이런 뜨거운 자녀 교육은 지금 일본에서는 솔직히 말해서 어색하게 여겨집니다. 그러나 한국 드라마 속에서는 완전히 살아 있습니다. 지금도 한국이라는 나라 자체에서 넘쳐나는 뜨거운 파워를 느낍니다. '열심히' 하는 모습이 심금을 울리고, '순수'한 모습에 마음이 깨끗이 씻겨 내려가는 것 같습니다.

327) 40대, 파트타임, 기혼
'한류'가 유행이라고들 하지만, 처음부터 제 마음속에는 유행이 아니라 삶의 보람이었습니다. 미디어에 조금씩 보도되면서, 한밤중에 TV(지상파)에서 방송되는 드라마(『겨울연가』가 아닌)를 계기로 빠져들게 되었습니다.^^ 한국 문화에도 흥미를 가지고, 물론 어학도 처음으로 배우고 싶다고 생각했습니다. '한국' 혹은 '한글'이라는 말에 매우 민감하게 반응하며, 한국 제품의 샴푸를 인터넷에서 일부러 찾아서 사기도 하고, 다른 물건도 사기도 합니다. 물론 대부분 화장품과 음식입니다만, 거의 병에 걸린 듯 하네요! 제가 용돈을 사용하는 우선순위는 한국어 텍스트와 좋아하는 가수의 CD 등입니다. 삿포로에서 사는 것이 불편하다고 느끼는 것은, 콘서트가 전혀 없다는 것과 맛집이 적다는 것입니다. 한국 식품도 취급하고 있는 것이 조금밖에 없습니다. 또 한국인 친구를 사귈 기회도 거의 없습니다. 우선은 한국어를 열심히 공부하고 일도 열심히 해서 돈을 저축해 빨리 한국에 가 보고 싶습니다. 아마 평생 동안 한국의 매력에서 빠져나오지 못할 듯합니다. 이러한 앙케이트는 처음이었지만, 매우 즐겁게 임했습니다. 언제라도 다시 참여하겠습니다.

328) 60대, 전업주부, 기혼
'한류' 이전부터 한국어 공부를 하고 있었습니다. 친구와 한국 노래, 문화 등에 관해서 이야기를 나누기도 했습니다. 그러던 중 한국에 빠지게 되었습니다. 저는 한국 노래를 좋아해서 이 때문에 한글을 읽고 싶고 한국어로 노래를 부르고 싶었습니다. 지금은 '한류'가 아니라 제 나름대로의 한국을 즐기고 싶습니다.

329) 40대, 파트타임, 기혼
솔직히 말해시, 한국에는 흥미기 없었습니다. 그러던 것이 '한류' 드라마와 영화, 음악을 통해서 이렇게 가까운 존재가 되리라고는 생각지도 못했습니다. 앞으로 문화 교류를 통해서 일본과 한국이 더욱 좋은 관계를 쌓아나가기 바랍니다.

330) 30대, 정규직, 미혼
'한류'를 계기로 일본 사람이 한국 문화, 역사 등을 더욱 이해하고, 일본과 한국이 보다 좋은 관계가 되었으면 좋겠습니다.

331) 40대, 파트타임, 기혼
'한류'는 드라마뿐만 아니라, 영화, 음악 방면으로도 확대되어 가고 있습니다. 이번에는 드라마에 관한 질문이 중심이었습니다만, '관심이 가는 한국 문화'라는 것의 폭을 넓힌다면 더욱 흥미로운 결과를 얻을 수도 있을 것입니다. 영화나 드라마나 저작권 문제 등이 있기에, 한국에서 공개되고 방송된 작품 전체가 일본에 들어오지 못하는 것이 유감입니다. 흥행 수익의 계산이 서지 않으면 어렵겠지만, 작품성보다도 출연자가 중심이 되는 작품, 내용이 없는 영화와 드라마, 비슷비슷한 시나리오가 군데군데 보이는 것도 유감입니다. 또한 피크 때와 비교하면 일본에서 공개되고 방송되는 작품 수도 줄어든 것 같습니다. 그러한 부분도 유감스럽게 생각합니다. 지금까지 역사 속에서 반복되었거나, 한국에 대한 일본의 잘못된 대응이 '한류'에 있어서도 반복되는 일이 없기를 바랍니다.

332) 60대, 파트타임, 기혼

한 배우(배용준)가 이렇게 누군가의 생활과 심리 상태를 좌우하는 것은 놀라운 일입니다. 이 사람의 품위 있는 말투에 이끌려, 또 매력적인 목소리에 이끌려 한국어를 배우게 되었습니다. 정치가가 해내지 못했던 양국의 가교 역할을 훌륭하게 해냈습니다. 이 위대함을, 본국인 한국이 별로 인정하지 않고, 반대로 일본에서의 인기를 냉랭하게 바라보는 점은 참으로 불가사의하게 느껴집니다. 한국에 가서 깜짝 놀란 것은 '한류'가 모든 사람들의 생활에 활력을 불어넣고 있다는 것입니다. 즉, 배용준의 인기로 매일매일 많은 일본인이 방문하여 공항, 호텔, 토산품 판매점, 가이드, 점원까지 늘어나고, 그 결과 시설과 도로가 깨끗해지니, 본국에 얼마나 큰 공헌인가요? 일본 같으면 국민명예상 수상감입니다. 한국인은 상대를 순순히 인정하지 않는 듯합니다. 그것은 커다란 손실입니다. 서로를 인정하고, 발전해 나가야 합니다. 일본을 싫어하는 마음은 알겠지만, 일본의 모든 것이 싫은 것은 아닐 것이라고 생각합니다. '일본의 돈은 좋지만 일본과 일본 사람은 싫다'는 태도는 이제 그만했으면 합니다. 사이좋게 지냅시다. 저희들은 한국을 좋아해서 한 해에도 몇 번이고 놀러 갑니다.

333) 50대, 전업주부, 기혼

'가깝고도 먼 나라' 그런 이미지밖에 없었던 한국. 그러나 '한류' 붐은 저에게 있어서 시야를 크게 넓혀준 것이었고, 소중한 것을 얻는 경험이었습니다. 미하(ミーハー)적인 흥미로 한국 드라마에 빠져들었습니다만, 지금은 '한국과 일본의 문화적 차이를 더 알고 싶다.' 그리고 '한글을 배우고 싶다.'고 생각하기에 이르렀습니다. 한류에 무관심한 사람은 "왜 그렇게까지 하는지?" 이해할 수 없다고 말합니다만, 한류를 접하고 5년 정도 지난 지금도 저의 흥미는 좀처럼 식을 줄 모릅니다. 오히려 나날이 좋아집니다. (저 자신도 불가사의합니다만)

334) 60대, 전업주부, 기혼

저에게 있어서 한국 드라마와 영화의 매력은, 지금 일본에서 사라지고 있는 가족 간의 감정, 특히 부모에 대한 배려와 존경심이 한국의 젊은이들에게는 아직도 남아 있다는 것입니다. 다 보고 나면 왠지 마음이 힐링이 됩니다. 그와 동시에, 드라마의 배경에 흐르는 음악이 정말 훌륭합니다. 이 음악이 아니라면 제가 이 정도까지 한국 드라마에 끌리는 일은 없었을 것이라고 생각합니다. 영상과 음악이 일체가 되는 훌륭한 작품이 많아서 항상 즐겁게 보고 있습니다. 배우도, 가수도 나날이 새로운 사람을 알게 되어서 행복합니다. 한국은 지금 저에게 있어서 삶의 보람입니다. 더욱더 한국을 알고 싶습니다. 감사합니다.

335) 40대, 비정규직, 기혼
'한류' 붐이 일기 이전부터 한국에 빠져서 한국으로 여행 가고, 한글을 배우기 시작했습니다. 그때는 한국 문화가 마이너였기에 마니아들만 있었습니다. 그것이 붐이 일고, 한글을 공부하고 있는 사람은 욘사마를 좋아하는 사람들, 병사마를 좋아하는 여성, 특히 아줌마라고 생각되는 것이 정말 싫었습니다. 하지만 한국어를 통해서 사람들을 알게 되고, 친구가 생겨난 것은 정말 잘된 일이라고 생각하며 즐거운 나날을 보내고 있습니다. 삿포로에 있는 한국인 분들을 접할 수 있는 장소가 있으면 더욱 좋겠다고 생각합니다.

336) 30대, 파트타임, 미혼
이전에는 한국에 대해서 그다지 정보도 없고, 문화와 생활 습관 등도 알 수가 없었습니다만, 드라마와 영화 붐에 의해 매우 닮은 점, 혹은 지리적으로 가까우면서도 다른 점 등을 조금씩 알게 되었습니다. 앞으로 다양한 교류의 장이 펼쳐져 엇갈릴 때도 있을지 모르지만, 서로의 차이 등을 알게 되고 서로를 이해하면서 사이좋게 되지 않을까 생각해 봅니다. '한류'를 계기로 서로 가까이 할 수 있기에, 앞으로도 변함없이 따뜻한 교류가 이어지기를 바랍니다. 국민성은 조금 다를지라도 두 나라의 사람들은 정말로 마음 따뜻한 사람들이 많다고 생각합니다. 앞으로도 손을 잡고 함께 걸어갑시다.

337) 50대, 파트타임, 기혼
한국과 일본의 역사를 알게 되면서, 정말 깊은 반성을 한다고 해도 말로는 다 표현할 수 없는 일본의 죄를 느낍니다. 원래 나라와 나라가 충분히 화해를 했어야 하는 부분입니다만, 그것이 애매모호했다고 생각합니다. '한류'는 단지 일본인이 한국 드라마와 배우를 동경하는 것이라기보다는, 이 드라마를 통해서 일본인이 잊고 있었던 것을 깨닫게 해 주는 것입니다. 부모의 정과 예의 등…. 그리고 『겨울연가』를 계기로 한국에 대해 친근감을 느끼게 하며, 지금까지 매우 멀게 느껴졌던 나라가 그립고 호감이 생깁니다. 많은 사람들이 그러한 것을 바라면서도 커다란 벽에 부딪혔지만, 그 바람이 이루어진 계기가 드라마였다고 생각합니다.

338) 30대, 전업주부, 기혼
가깝고도 먼 나라의 일을 알고 싶어서 한국어를 공부하고 있습니다. 드라마와 음악만이 아니라, 문화와 역사에도 흥미가 있습니다. 특히 요리에는 큰 매력을 느낍니다. 야채를 많이 먹거나, 깊이 있는 맛이지만 담백한 스프 등, 고기를 먹는 방법도 부위별로 꼼꼼하게 분류하는 것이 재미있다고 생각합니다. 매운 것뿐 아니라 한국 음식을 더욱더 알아갔으면 합니다. 드라마를 보고 있으면 매우 순수한 사람들이 많다는 것을 느낍니다. 한국어를 더 열심히 공부해서 나 자신의 눈으로 본 한국을 알고 싶습니다. 색채의 활용법도 일본과 달라서 즐겁습니다. 영화도 매우 매력적입니다.

339) 50대, 전업주부, 기혼
수년 전부터 시작되었던 '한류' 붐은 우선 이름이 매우 저속한 것 같습니다. 그냥 이러한 이름이기에 간단하게 '빠지다'라는 말을 사용하는 것 같습니다. '한국 문화를 접한다.'라고 하면 왠지 가장 가까운 나라인데도 역사적 차별 등 슬픈 양국의 관계 때문에 껄끄럽습니다. 또한 아줌마라는 파워가 있다고 하더라도, 조금은 웃음거리가 되는 연령대의 사람들이 그 힘이 되고 있습니다. 『겨울연가』는 예전에 방영된 일본의 '그대의 이름'을 떠올리게 합니다. 분명하지 않은 남녀 간의 심리를 매회 보면서 안절부절 못하기도 했지만, 그것을 차분하게 볼 때도 결국은 "봐버렸다."라고 말합니다. 붐은 강한 아군입니다. 일본과 한국이, 불법을 제외한 어떤 수단을 사용해서라도 가까워졌으면 합니다. 국민성이 완전히 다르고, 이해할 수 없는 부분도 많지만, 그것을 이해하고자 하는 마음을 가지는 것 자체가 훌륭한 것이라고 생각합니다. 차이를 알면 닮은 점도 알 수 있습니다. 일본 문화도 한국에서 들어온 것이라고 생각합니다만, 단지 인기가 있다는 것만으로 끝내버리지 않고, 일본은 그것에 붐이라는 위치를 부여하여 문을 활짝 열어주었습니다. 그것에 가볍게 편승한 일본인의 기질에 대해서는 찬반이 엇갈리기는 하지만, 어쨌든 아는 것이 중요합니다. 한국도 일본도 이 붐을 돈벌이 수단으로만 생각지 않고 문화 교류를 생각하여 서로 한발짝씩 다가설 수 있었다고 생각합니다. 그것은 남성의 감각보다 여성의 감각이 부드럽기 때문일지 모릅니다.

340) 40대, 정규직, 기혼
안녕하세요. 즐겁게 참가하였습니다. 저는 『겨울연가』를 보고 한국에 대단히 관심을 가지게 되었습니다. 배용준 씨는 저의 생활의 일부가 되었습니다. 한국어 공부도 시작하였으며, 생활이 풍요로워진 것 같습니다. 배용준 씨로 인해 인터넷에서 친구도 많이 생겼습니다. 한국 생활과 문화, 역사도 배워 보고자 하여, 다양한 서클이나 모임에 참석하고 있습니다. 며칠 전에는 '우리 학교'를 보고 감동해버렸습니다. 매우 좋은 다큐멘터리 영화였습니다. 시간이 허락하는 한, '한류'를 꾸준히 접하고자 합니다. 기회가 된다면 다시 앙케이트에 응하고 싶습니다.

341) 40대, 전업주부, 기혼
겉모습은 일본인과 비슷해서 가까이하기에 어렵다는 생각은 들지 않습니다. 하지만 문화와 사고방식이 달라서 매우 흥미롭습니다. 신비적인 느낌이 듭니다. 가까운 나라이기에 서로를 알게 된다면 멋진 일이라고 생각합니다. 단, 예전의 역사를 한국 분들은 어떻게 생각하는지 신경이 쓰입니다.

342) 30대, 전업주부, 기혼
'한류'는 일본과 매스미디어에 의해서 '만들어진 것'이라는 일부 생각이 매우 유감스럽습니다.

343) 50대, 정규직, 기혼
'한류'가 일본과 한국, 양국의 관계에 플러스 역할을 하기를 바랍니다.

344) 40대, 파트타임, 기혼
『겨울연가』를 계기로 한국에 관심을 가지게 되었습니다. 진부한 점도 있지만, 그것이 어딘지 모르게 그립고 지금의 일본에는 없는 좋은 점이라고 생각합니다. 부모를 소중히 여기는 마음, 조상을 공경하는 마음 등은 지금의 일본인이 잊고 있는 것이라고 생각합니다. 한국어를 공부하고 있습니다만, 공부하면 할수록 일본어와 매우 비슷하다는 것을 느끼게 됩니다. 한글 외에 다른 면도 매우 친근감이 생겨납니다. 지금은 공부 목적도 있고 해서 매일매일 드라마를 열심히 보고 있습니다. 드라마에서 문화를 배우는 것도 가능합니다. 장례식과 결혼식, 한옥, 인사 방법 등, 앞으로도 열심히 공부하여 한국 여행을 몇 번이고 가고 싶습니다. 다음 달에 서울에 갔다 오려고 합니다. 4번째입니다.

345) 40대, 파트타임, 기혼
처음『겨울연가』를 보았을 때는 정말로 충격이었습니다. 아사히신문에 실렸던 작은 칼럼에서 이 드라마의 존재를 알게 되었고 한 번 보았습니다. 보자마자 완전히 '포로'가 되어 버렸습니다. 그때는 아직 주변에 한국에 흥미를 가지고 있는 사람이 없어서 혼자 음악 CD를 사거나 책을 사거나 많지 않은 정보를 모으곤 했습니다. 지금도 한국에 대해서는 변함없습니다. 한국 방문도 5번, 한국어도 라디오와 CD로 매일같이 듣고 있습니다. 예전에 한국 분들이 일본에서 부당한 취급을 당한 적이 많은 것 같습니다만, 저는 그런 뉴스를 들을 때마다 '왜?' 하고 생각했습니다. '한류' 이후로 한국에 대한 이해가 아주 깊어졌다고 생각합니다. 그리고 그것은 정말로 잘된 일이라고 생각합니다. 겨우 한 편의 드라마가 이렇게도 두 나라에 영향을 끼친 것이 놀랍기 그지없습니다. 이 기회를 놓치지 말고 가까운 나라끼리 더욱 사이좋게 지냈으면 하고 진심으로 바랍니다. 저는 앞으로도 더욱 한국을 알아가고 싶습니다.

348) 50대, 파트타임, 기혼
저의 '한류'의 원점은『겨울연가』였습니다. '한류'가 시작될 무렵, 근처의 비디오 가게에 한국 드라마『겨울연가』,『이브의 모든 것』,『가을동화』 등이 있었습니다. 모두 한 번씩 보려고 생각하여, 가장 먼저 본 것이『겨울연가』였습니다. 드라마를 보고 있자니 눈물이 나고 '다음은 어떻게 될까?' 궁금하기도 해서 매일 3시간 이상, 많을 때는 10시간도 보았습니다. 한국 드라마가 이렇게도 심금을 올리는 것인가 하고 제 마음속에서 통제를 할 수가 없었습니다. 한국의 생활과 문화, 손윗사람들에 대해 존경하고 복종하는 한국인의 특성에 공감하고 지금도 새로운 드라마에 빠져있습니다. 그러는 동안 드라마의 삽입곡에도 끌리고 배우에게도 끌려, '한국어를 읽고 싶다'고까지 생각하게 되었습니다. 이렇듯 '한류'는 저에게 즐거움을 안겨다 주었습니다. 그 덕분에 4년간 겨울연가 투어, 촬영지 투어에도 가고 어학연수도 가게 되어서 충실한 매일매일을 보내고 있습니다. '한류'에 감사합니다.

349) 50대, 자택근무, 기혼
『겨울연가』를 보면서 한국의 것을 더욱 알고 싶다고 생각하게 된 것은 지금까지 없었던 일입니다. 이웃 나라인데도 멀게만 느껴졌던 한국을 이렇게도 가까운 존재로 만들어 준 것에 감사합니다.

351) 60대, 전업주부, 기혼
한국 드라마와 노래를 들으면서 가깝고도 먼 나라가 아니라, 가깝고도 가까운 나라가 된 것을 기쁘게 생각합니다. 그 나라의 사람들을 접하고 문화와 역사, 다양한 것을 흡수하면서, 상호 이해를 조금씩 실천해 나가고 있는 것을 기쁘게 생각합니다. 서로 직접 관여하면서 같은 아시아인으로서 사이좋게 지낼 수 있다면 더할 나위 없이 기쁠 것 같습니다. 그것이 비록 '한류' 붐이라고 불리는 것이라도, 문화 교류에서 실마리를 찾았다고 하더라도, 사람이기에 마음은 변함없이 이해할 수 있다고 생각합니다. 젊은이들이 열심히 노력하는 모습에는 저절로 고개가 숙여집니다.

353) 60대, 전업주부, 기혼
'한류' 드라마는 되도록이면 보려고 하고 있습니다. 저희들이 자라온 시대는 물질적으로 풍요롭지 못해서 이리저리 맞추어 가면서 생활하였는데, 그런 중에서도 순수했던 그 당시의 마음이 '한류' 드라마에는 있습니다. 특히 저는 시골에서 생활했기에 드라마 속의 풍경에 그리움을 느끼며 잘 보고 있습니다. '한류' 드라마를 보는 순간만큼은 제가 옛날의 자신으로 되돌아가는 느낌입니다. 게다가 음악의 훌륭함에도 감동하고 있습니다. '한류'드라마에 들어 있는 음악은 영상에 잘 맞아떨어져 아름답다고 생각합니다! 앞으로도 많은 드라마를 방송해 주었으면 합니다. 현재 저는 60대입니다만 여성은 언제까지나 아름다운 것을 동경하는 존재입니다. 아름다운 영상 속에서 아름다운 음악을 들으며 순수한 마음을 잊지 않는…. 어느 나라이더라도 몇 살이더라도 느끼는 마음, 이것만큼은 잊고 싶지 않습니다.

355) 60대, 전업주부, 기혼
일본에서는 몇 년 전까지만 하더라도 한국 문화를 알 수 있는 기회가 별로 없었습니다만, '한류' 붐이 일면서 다양한 정보도 알게 되고, 한국 사회, 가정, 생활 모습 등에 대단히 흥미를 가지게 되었습니다.

356) 50대, 자영업, 미혼
일본과 가까운 나라의 문화에 대해 알 수 있는 찬스가 생긴 것은 저에게는 좋은 일이라고 생각하며, '말에 대한 흥미가 생겨나 한국어를 공부하는 계기가 되었습니다.

357) 50대, 전업주부, 기혼

'한류'라는 말은 잘 모르겠습니다. 한국이라는 나라에 흥미가 있어서 공부를 하고 있습니다.

358) 60대, 파트타임, 기혼

저에게 있어서 '한류'와의 만남은 다음과 같습니다. 이런 드라마가 보고 싶었습니다. 기다리고 있었습니다. 그리고 손에 잡히는 대로 보았습니다. 영화, DVD, TV 등, 처음에는 매일 아침부터 저녁까지 보았습니다. 일을 하러 가기 전에는 바빠서 잘 볼 수 없지만 5분이라도 보고 가려고 합니다. 왠지 산뜻한 기분이 듭니다. '한류'를 만난 것은 앞으로 남은 인생에 커다란 즐거움입니다. 생활에도 활기가 넘쳐나서, '한류' 상품을 파는 가게에 가더라도 항상 그대로 돌아오곤 하였습니다만, 지금은 '한류'에 대해 말을 걸어온 몇 사람과 알게 되어 서로의 집을 방문하는 사이가 되기도 했습니다. 우리들의 어린 시절에 대한 그리움을 느낍니다. '한류' 필름 쇼에 가 보고 놀랐습니다. 저와 비슷한 연령대의 분들이 많이 와 계셨습니다. 그때부터는 당당하게 갈 수 있었습니다. 제가 사용할 수 있는 용돈은 전부 '한류'에 사용해버립니다. 제주도와 부산에도 가 보았습니다. 좋았습니다. 앞으로는 '서울' 등에도, 말을 빨리 배워서 몇 번이고 가보고 싶습니다. 일시적인 붐으로 끝나지 않고 지금보다 더욱 발전해 가기를 바랍니다. 변함없이! 떡볶이 등 한국 식품이 널리 유통되었으면 합니다. 한국에 가지 않으면 손에 넣을 수가 없는데 마트에서 편하게 살 수 있으면 정말 좋겠습니다.

359) 50대, 비정규직, 기혼

'한류' 전에는 한국어를 배운다고 하면 "왜 한국어?"라고 질문을 받고, '한류' 이후에는 "그래서 한국어를 배우냐?"는 말을 듣고, 어느 쪽이든 저의 기분은 별로 유쾌하지 않습니다. (내가 유행에 좌우되는 듯이 여겨져서) 이제는 '한류'라는 특별한 표현은 필요 없습니다. 한국 드라마, 영화 등이 일본에 존재하는 것은 일상적인 일이 되었다고 생각합니다. '미류'와 '유류'라는 단어가 없는 것처럼 말입니다. 저 자신은 역사와 문화를 배워 한국의 지인과 친구를 만들고 싶습니다.

360) 40대, 정규직, 미혼

처음 뵙겠습니다. 저는 이렇다 할 만한 취미도 없고 그냥 집과 직장을 왕복할 뿐, 삶의 즐거움이 거의 없었습니다. 어느 날 『겨울연가』를 보고 난 후 한국을 알고 싶어졌고, 한글 강좌에도 다니게 되었습니다. 그곳에서 친구들과 '한류' 스타에 대해서 이야기하고, 한국 문화 등을 이야기하면서 한국에 여행도 가고, 생활이 변하게 되었습니다. 지금은 다양한 이벤트에도 참가하며 즐거운 나날을 보내고 있습니다.『겨울연가』를 보게 된 것에 대해 지금도 행복을 느끼고 있습니다. 소름이 끼칠 정도로 멋있는 드라마였습니다. 그때의 그 기분은 평생 잊을 수 없을 것입니다. 앞으로도 '한류'를 즐기며 살아가고 싶습니다. 아시아의 시대를 응원하고 싶습니다.

361) 40대, 비정규직, 기혼
과거 일본의 좋았던 점을 연상케 하는 점이 있습니다. 부모에 대한 효도, 순진한 남녀 간의 교제, 긍정적으로 노력하는 모습 등이 그러합니다. 지금의 일본은 물질이 넘쳐나 아무런 노력 없이도 뭐든지 손에 넣을 수 있습니다. 인간관계도 서로 격려하고, 때로는 부딪히기도 하면서 만들어 가는 관계가 불가능해졌습니다.『대장금』을 통해서 진지한 태도와 강한 의지로 목적을 달성하는 것에 대한 소중함을 뼈저리게 느꼈습니다.『대장금』이외의 다른 '한류'는 그다지 보지 않습니다.

362) 60대, 전업주부, 기혼
'한류'가 앞으로도 계속 이어져 이웃 나라를 더욱 이해하고 싶습니다.

365) 50대, 파트타임, 기혼
왜 '한국'일까?『겨울연가』에 빠지고…다양한 작품을 보고 더욱 흥미가 생겨나 '문화, 역사를 알고 싶다, 말하고 싶다' 하는 마음이 강해져, 지금은 한글을 공부하고 있습니다. 저와 비슷한 사람이 많다는 깃에 놀랐습니다. 왜 그렇게 빠지게 되는 걸까? 오히려 저에게 가르쳐 주었으면 합니다. 저의 기분을…. 지금 바리는 것은 (한국에서) 혼자 지하철을 타고 무심코 책방에 들어가 쇼핑을 한 다음 식사를 하는 것입니다. 그것이 꿈입니다. 차이를 알게 되면 반대로 일본의 좋은 점도 알 수 있을까 하는…. 대체 무엇일까요? 이런 기분…. 지금은 일을 하면서 공부도 하는, 매일 충실한 나날을 보내고 있는 50세 아줌마입니다. 감사합니다.

368) 50대, 파트타임, 이혼
제가 '한류'를 좋아하게 된 것은『겨울연가』도 아니고,『천국의 계단』도 아니고『첫사랑』을 보고 나서부터입니다. 무엇보다 마음속에 깊이 느끼게 된 것은 손윗사람에 대한 배려와 예의입니다. '일본도 예전에는 저랬는데' 하는 생각이 들게끔 하는 드라마였습니다. 옛날에는 일본의 초등학교에도 도덕 시간이 있어서, 손윗사람에 대한 예의와 배려하는 마음을 배웠습니다. 그러했는데, 언젠가부터 '나만 좋으면…' 식의 세상이 되어버려 슬프기 그지없습니다. 다음은 가족을 지키고, 나라를 지키고, 민족을 지키는 정신이 깊이 뿌리내리고 있는 점입니다. 훌륭한 일이라고 생각합니다. 그렇기 때문에 저는 한국의 홈드라마를 매우 좋아합니다. 저는 딱히 좋아하는 '한류' 스타는 없습니다. 큰 소리로 서로 싸우는 어머니와 딸, 곤경에 처해 있는 사람에게 바로 도움을 주려는 아줌마…그런 사람들이 활약하는 드라마를 통해서 한국을 더욱 알고 싶습니다. 이것 또한 '한류'가 아닐까요?

369) 60대, 전업주부, 기혼
'한류' 드라마를 보기까지는, 한국 일반 여성의 인터뷰에서 "○○○습니다.(?)" 식의 강한 어투만이 귀에 남아, 좋고 나쁨은 둘째 치고 감정의 표현이 격하게 느껴져, 국민성의 차이인가 하고 멀리하려고 했습니다. 하지만 드라마를 보게 되면서 역시 개개인의 특성이 아닌가 하고 생각하게 되었습니다. 또한 배워 보고 싶다는 생각이 전혀 없었던 한국의 역사와 문화에도 흥미를 가지게 되었습니다.

371) 30대, 파트타임, 기혼
한국 드라마를 보기 시작하면서 인터넷을 하게 되고, 전국에 '한류' 친구가 생겼습니다. '한류'에 흥미가 없는 친구로부터는 "한류를 좋아하는 사람들은 모두 파워풀하고 활력이 넘치네!" 하는 말을 듣습니다. 정말로 그렇다고 생각합니다. 저를 포함하여 모두 생활을 엔조이하고 있다고 생각합니다. 또한 블로그를 시작하게 된 계기도 한류입니다. 삶의 보람을 가져다 준 한국 스타들에게 감사합니다.

372) 40대, 정규직, 기혼
한국 드라마를 보기 시작하면서 한국 여행을 갔습니다. 일본에서 가깝고, 요리가 맛있어서 즐겁게 보냈습니다. 욘사마를 처음 보고 한국에 가보고 싶다는 기분이 들었고, 여행에서 서로 알게 되어 친구가 되고, 교류의 장은 늘어났습니다. 감사하고 있습니다. 앞으로도 더 많이 한국을 여행하고 싶습니다. 현지에서 친구가 생기면 얼마나 좋을까 하고 생각합니다. 서로의 문화 차이를 피부로 느끼며 함께 체험하는 것이 감동적입니다. 마음과 마음이 통하는 동료가 되었으면 합니다.

374) 40대, 전업주부, 기혼
'한류' 드라마가 일본 여성에게 받아들여진 것은, 드라마에 나오는 남성이 핸섬하고 멋있기 때문인 것도 있습니다만, 여성에게 상냥하기 때문이라고 생각합니다….

376) 40대, 전업주부, 기혼
배용준 씨가 처음 일본을 방문하였을 때 공항 도착 장면을 TV에서 보고 '어쩌면 저렇게 멋있는 미소일까!' 하고 느끼면서, 저의 '한류'는 시작되었습니다. 때마침『겨울연가』가 지상파에서 방영되었는데 매주 방송을 기다리기 힘들어, 서점으로 책을 사러 갔습니다. 손윗사람을 공경하며, 가족을 소중히 여기는 마음, 유교의 정신에 공감합니다. 다양한 잡지에서 다루고 있는 그를 알면 알수록 더욱더 좋아져서 응원하고 싶어졌습니다. 그 밖의 드라마도 계속해서 보는데, 한국의 문화를 알게 되는 좋은 계기가 됩니다. 어떠한 드라마도 메시지가 강한 내용으로, 삶의 방식을 깨닫게 하는 것 같습니다. 지금은 한국어를 배워 조금이라도 말할 수 있게 되면 얼마나 좋을까 하고 생각합니다.

378) 20대, 파트타임, 미혼
일본의 매스컴에서는 '한류'에 빠지는 중년 여성을 의도적으로 기이하게 보이도록 하는 부분이 있습니다만, '한류'는 아직 쇄국적 경향이 강한 일본에게 있어서 타문화를 잘 받아들인 결과라고 생각합니다. 규슈 출신의 80세 할머니가 옛날에 조선 반도의 사람을 주변 사람들과 함께 바보 취급했던 것을 반성하면서 현재는 '한류'를 좋아하게 되었다고 합니다. 옛날에 자신이 저질렀던 행위를 반성하게끔 만들 정도의 파워가 '한류'에 있는 것일까요? 그것이 '문화'의 힘인가요?

442) 50대, 전업주부, 기혼
드라마를 한국의 전부라고는 생각하지 않습니다만, 제가 가지고 있던 이미지가 좋은 방향으로 바뀌었습니다.

443) 50대, 전업주부, 기혼
드라마를 보고 생각한 점은, 내용은 매우 충실한데 마지막이 재미없는 작품이 많아서 그다지 기억에 남는 작품이 없다는 것입니다. 그러나 감초 역할을 하는 분들의 연기가 너무나 즐겁습니다. 대사가 조크로 넘쳐나고, 듣고 있으면 매우 즐겁습니다. 조금씩 드라마의 패턴이 보여서, 전개가 예상되는 것이 유감스럽습니다. 하지만 배우의 표정과 연기, 드라마 배경을 보는 것도 즐겁습니다. 한국 드라마는 게시판의 댓글로 전개가 변하는 것도 있다고 들었습니다만, 가능하면 작가가 쓴 글 그대로의 전개를 보고 싶습니다. 한국의 여성들은 매우 열심히 일하는 사람들로 생기가 넘쳐나네요. 드라마 속에서도 손과 입을 동시에 움직이면서 청소하고 요리하는 장면이 많이 나오는데, 저희들의 어린 시절 어머니의 모습과 오버랩됩니다. 최근의 드라마는 아파트에서 생활하는 패턴이 많아서 옛날의 생활을 볼 수가 없네요. 조금은 섭섭하네요.

445) 50대, 비정규직, 기혼

'한류'라고 하면, 어떤 면에서 보면 붐으로 보이지만, 현재의 우리들에게 없는 것이 드라마 속 사람들의 행동과 마음에 있어서, 그것이 '참 좋다.'고 생각하게끔 만듭니다. 친척과 가족 간의 귀찮은 관계는 싫다고 생각하면서도, 너무나도 소원한 관계가 되어 있는 현재의 모습에 쓸쓸함을 느낍니다. 그러기에 '한국 드라마에 나오는 모습 속에서 서로에게 많이 신경 써주는 모습과 자신의 돈마저 내서 도와주려고 하는 사람들이 참 괜찮다.'고 생각하며, 무심코 여러 사람들에게 말하곤 합니다.

446) 50대, 전업주부, 기혼

저는 붐에 늦게 편승한 사람입니다. NHK에서 『겨울연가』가 방송되었을 때 더빙이었습니다만, 너무나도 부자연스러워서 한 번 보고는 그만두었습니다. 주변에서 믿을 수 없는 스토리 전개로 재미있으니까 한번 봐 보라고 말을 들었습니다만 들으려고도 하지 않았습니다…. 결국 얼마 뒤에 자막 버전으로 연속 방송되면서 빠지게 되었습니다. 3번은 봤습니다. 그러는 동안에 자막의 번역이 조금 신경 쓰였고, 번역되지 않은 대사도 궁금해져서, 한글을 공부하기 시작했습니다. 필시 대부분의 사람들도 이러한 계기로 공부를 시작했다고 생각합니다. '번지점프를 하다'라는 영화에서, '젓가락'과 '숟가락'의 한글 받침이 왜 다른지에 대해서 연인끼리 이야기하는 장면이 있었습니다. '아아, 여기에 자막을 붙이는 것은 힘들겠다.'고 번역자의 고생을 생각했습니다. 이렇게 해서 더욱 한글 공부에 빠져들게 되었습니다. 언어뿐만 아니라, 문화와 풍습의 차이에도 눈을 돌리지 않으면 좋은 시청자가 될 수 없습니다. 여러 가지를 알게 되고, 역사적인 것도 포함해서 더욱 더 넓어져 가는 세계…그것이 제게 있어서 '한류'일지도 모르겠습니다.

색인

【1/A】
2차적 욕구 ·······················52
A.E.게어 ··························32
Always 3번가의 석양 ·············109
Cultural Studies ···········10, 16, 22, 23, 24, 25, 26, 27, 28, 30, 34, 37, 96, 124, 126, 128
mixi(믹시) ·······················114

【有】
有閑階級の理論 ·················65

【消】
消費社会の神話と構造 ···49, 51, 54

【物】
物の体系 ·················56, 57, 62

【生】
生涯の鏡 ·······················52

【経】
経済学批判 ·····················41

【記】
記号の経済学批判 ·······50, 52, 55, 58, 59, 62, 63

【ㄱ】
가까운 사이일수록 예의를 지키자
·······················116
가깝고 가까운 나라 ········101, 103, 104, 120, 128
가깝고 먼 나라 ···101, 102, 106, 120
가을동화 ·······················92
강남 엄마 따라잡기 ·············111
겨울연가 ··············73, 75, 78, 81, 82, 83, 89, 93, 96, 98, 99, 100, 101, 104, 105
계급 구조 ·····················25
계몽의 변증법 ·················17
고급 예술 작품 ·················20
고급문화 ············4, 16, 21, 25, 27, 29, 34, 125
공업화한 문화성 ···70, 71, 118, 122
공통의 문화 ·····················30
공통의 문화영역 ·················34

교제 ······················116, 117
교환가치 ··········41, 42, 54, 55, 59
구조개혁 기본 방침 ·····················7
21세기형 국가 전략사업 ··············5
국가 전략산업 ·························76
국민 문화 ······························26
궁 ···92
기호 ······9, 43, 45, 54, 55, 56, 57, 58, 59, 61, 65, 67, 74, 75, 118, 120, 126, 127, 129
기호가치 ··········10, 44, 45, 64, 126
기호론 ·····················41, 42, 43, 65
기호성 ································126
기호의 경제학 비판 ····················45
기호학 ·····························42, 43

【ㄴ】

남북문제 ···························32, 37
내 이름은 김삼순 ·················92, 94
너무 가깝지도 않고 너무 멀지도 않은
··115, 116
너무 가깝지도 않고 너무 멀지도 않은 거리 ·····································117
노동윤리 ································28
노동자 ············25, 26, 27, 29, 124

노동자계급 ················21, 23, 26, 28
노동자계급 문화 ·········23, 25, 124
노스탤지어 ···82, 97, 107, 108, 109, 110, 112, 119, 120, 122, 128, 129
니즈(needs) ····························28

【ㄷ】

대량 소비 ································15
대량생산 ····15, 18, 19, 21, 39, 40, 58, 124, 126
대량생산 시대 ··························40
대장금 ···························81, 92, 94
대중 ·····10, 15, 27, 29, 30, 42, 97, 124, 125
대중문화 ··········4, 7, 8, 10, 15, 16, 19, 23, 24, 27, 28, 29, 34, 36, 68, 73, 96, 97, 101, 118, 123, 124, 127
대중문화의 산업화 ················16, 34
대중화 ··································23
대중화된 문화 ··························23
데라와키 겐 ···························115
데이터베이스 ···························71
등가교환 ································55

【ㄹ】

레저 윤리 ················28, 29

【ㅁ】

마르크스의 상품 분석 ················42
마르크스주의 ················17, 21, 25
막말남 ················112
막말녀 ················112
모더니즘 ················28
문화 ············9, 15, 16, 23, 24, 27, 28, 30, 34, 39, 68, 70, 74, 75, 118, 123, 124, 125, 126, 127
문화 상품 ················126, 127
문화 상품의 이중성 ················75
문화 소비의 이중성 ················118
문화 식민지 ················4
문화 연구 ················28
문화 정책 ················5
문화 제국주의 ················3, 35
문화 행위 ················68
문화산업 ···4, 6, 9, 15, 16, 18, 30, 31, 32, 34, 35, 36, 37, 38, 46, 71, 76, 77, 96, 123, 124, 125, 126, 127
문화산업 국가 ················7
문화산업 작품 ················20

문화산업 정책 ················37
문화산업이론 ············10, 15, 16, 28
문화산업진흥법 ················5, 46
문화상품 ················7
문화의 다양성 ················27
문화의 산업화 ················7, 15, 19
문화의 상호 접점 ················24
문화의 이중성 ···············68, 71, 75, 118, 127, 128
문화의 특권적 소비 ················15
문화진흥기금 ················5
물리적인 근거에 바탕을 둔 필요 ················40, 50, 63
물질적 풍요로움 ················121
미국화 ················23
미디어 연구 ················24
미류(美流) ················120
미하(ミーハー) ········80, 86, 97, 10

【ㅂ】

별은 내 가슴에 ················76
복제 기술 ················18
복제 기술 시대의 예술 작품 ·······22
부르주아 ················15, 26
부르주아 문화 ············25, 26, 124

부르주아계급 ·····················30
블루머 ··························21
비소비 과정 ······················9
비판이론 ·······················17
빨강 시리즈 ·····················95

【ㅅ】

사교 ··························115
사물 ··············43, 56, 60, 65, 67, 68, 69, 118
사물의 체계 ····················45
사용가치 ············41, 42, 43, 54, 55, 57, 59, 61, 74
사회적 위신 ····················45
사회적 의미 ····················43
사회적 지위 ··········44, 59, 65, 67, 70, 74, 75, 118, 126
산업의 손 ······················18
산업혁명 ···············25, 39, 49
상품가치 ······················42
상품분석이론 ··············54, 56
상품으로서의 문화 ·············71
상품으로서의 문화(공업화한 문화성)
························127
상품의 기호화 ···9, 45, 65, 67, 126

상품이론 ············42, 43, 126
상호 이해 ··········97, 98, 101, 102, 113, 119, 122, 128, 129
새로운 중산계층(New middle class)
·········16, 29, 30, 31, 34, 37, 125
새롭고 거대한 내러티브(New Ground Narrative) ····················32
생산 ················45, 47, 48, 52
생산 중심에서 소비 중심의 사회로
····························45
생산 행위 ······················40
생산의 기능 ····················48
생산의 니즈 ····················29
생애 학습 ····················115
섀도워크(Shadow Work) ·······82
서브컬쳐 이론 ·················24
서울종합촬영소 ················37
소비 ················45, 47, 48, 52
소비 기호론 ····················66
소비 상품 ·················28, 39
소비 윤리 ·················28, 29
소비 행위 ·················40, 62
소비문화 ····30, 31, 35, 37, 97, 125
소비사회 ······9, 39, 40, 41, 42, 43, 44, 45, 47, 51, 55, 57, 58, 59, 62, 65,

66, 67, 69, 70, 71, 74, 84, 118, 126
소비사회의 신화와 구조 ·············45
소비사회이론 ··10, 41, 67, 96, 118, 126
소비의 기호론 ·························11
소비의 니즈 ···························29
소비의 사회화 ························50
소비이론 ································92
소비주의 시대 ························29
소쉬르 ····································42
소스타인 베블렌 ·····················64
소프트파워 ···························120
속중 ································21, 22
스쿠르티니학파 ······················23
슬픈 연가 ······························93
시민 ······················37, 126, 128
신세대 ··································84
신인류 세대 ····················83, 84
신한류 ··································81
심리적인 근거에 바탕을 둔 욕망 ··40, 42, 51, 63

【ㅇ】

언어 대국 ······························35
언어 소국 ····················35, 36, 37
역사 교과서 문제 ······················4

역사와 문화에 대한 흥미 ·········104, 119, 122, 128
역사학의 구축 ························24
예술 작품 ······························22
오가와 준코 ···························82
오후 드라마 ···························95
올인 ······································93
왜소화 ··································65
욘겔지수 ································79
욘사마 ·····················78, 83, 84, 105
욘플루엔자 ···························79
월드컵 한일 공동 개최 ···········102
위신 ············44, 59, 63, 64, 65, 67, 74, 75, 118, 120, 126, 127
유한계급의 이론 ······················44
의미를 받는 대상(시니피에) ········43
의미하는 대상(시니피앙) ············43
의존효과 ································51
일류 ······························36, 73
일반 상품 ·······························9
일본 대중문화 개방 ·3, 4 5, 77, 103
일본 문화의 유행 ···············36, 73
일본 한류 ··················80, 96, 118
일차원적 인간 ························18

【ㅈ】

자본가 ·····················25, 29, 124
자본가계급 ·····························26
자본가계급 문화 ·····················23
저급 문화 ···············21, 29, 125
접점 ···26
정신적 풍요로움 ············121, 122
좋은 공동사회 ········27, 29, 30, 37
주몽 ···93
중산계급 ·································44
중장년 여성 ········9, 11, 74, 75, 78, 79, 80, 81, 82, 83, 95, 105, 112, 115, 118, 119, 127
지금·여기 ····························112
지시 대상 ······························43
지식 기반 사회 ·····················46
지식인 ···············9, 10, 15, 16, 32, 34, 37, 69, 125, 126, 128

【ㅊ】

차이 ············9, 43, 45, 53, 56, 59, 64, 65, 70, 74, 75, 127
차이 표시 ·······················57, 62
친구의 폭을 넓히기 ········113, 119, 120, 122, 128

【ㅋ】

코드화된 가치 ······················62

【ㅌ】

탈공업화사회 ·························46

【ㅍ】

파리의 연인 ···························92
페미니즘 ·································24
포스트모더니즘 ·······10, 16, 27, 29, 30, 31, 34, 37, 97, 125
포스트모던 ·······················28, 29
포스트식민주의비평 ···············24
풍요로운 사회 ············29, 40, 47
프랑크푸르트학파 ···10, 15, 16, 17, 18, 21, 24, 25, 26, 28, 34, 37, 96, 107, 124, 126, 128, 129
프레(pre)신인류 세대 ············83
프롤레타리아 ············25, 26, 124
프롤레타리아 문화 ················26
프롤레타리아계급 ···················30

【ㅎ】

한국 문화의 유행 ···········36, 73
한드(韓ドラ) ··························79
한류 ··········36, 68, 73, 74, 75, 76, 77, 78, 80, 81, 82, 83, 84, 85, 87, 88, 89, 90, 92, 93, 95, 96, 97, 98, 99, 101, 103, 104, 105, 107, 108, 110, 111, 112, 113, 114, 115, 117, 118, 119, 120, 122, 126, 127, 128, 129

한류 현상 ·················8, 11
한일 공동선언 ··············103
한일 관계 ················3, 76
한일 우호 관계 ··············101
행동적인 미디어 소비자 ·········37
현시적 소비 ·······28, 42, 44, 64
호르크하이머 ···17, 18, 20, 22, 29, 30
호텔리어 ····················93
화류(華流) ·················120
후유소나 ····················78

【인명색인】

김윤철 감독 ··················94
김정수 ··················8, 77
김지룡 ····················83
David. Hesmondhalgh ····7, 35, 36
D. 케르너(Douglas. Kellner) ·····24, 25, 26, 37, 42, 44, 125
레이먼드 윌리엄즈(Raymond Williams) ·················22, 23, 24, 25, 26, 27, 29, 30, 37, 124
르봉(Le Bon Gystave) ·········21
리처드 호가트(Richard Hoggart) 23
마루야마 마코토(丸山真男) ······103
마르쿠제(Herbert Marcuse) ··17, 18
마르크스 ·······41, 42, 54, 56, 124

모리 다카유키(毛利嘉孝) ·········74, 75, 83, 96, 98
마마타 다카오(間々田孝夫) ··65, 67
M. 페더스톤 ·················31
배용준 ··················79, 104
벤야민(Walter Benjamin) ··17, 18, 22
브라이언 모란(ブライアン・モーラン) ·················110
소스타인 베블렌(Thorstein Veblen) ·················44
슈미트(Carl Schmitt) ··········17
Strinati, Dominic ············28
아도르노 ·······17, 18, 20, 22, 29, 30, 124, 125
야마자키 마사카즈(山崎正和) ···115
앨릭스 갤리니코스 ········30, 32, 37
요모타 이누히코(四方犬彦) 108, 112
윤석호 감독 ·················93
이어령 ··················94, 100
장 보드리야르(Jean Baudrillard) ··9, 10, 41, 42, 43, 44, 45, 47, 48, 50, 51, 54, 55, 56, 58, 59, 62, 63, 64, 66, 67, 68, 71, 74, 75, 92, 118, 126, 127
존.K 갤브레이스(Galbraith. Jhon Kenneth) ···········40, 47, 51

조지 오웰(George Orwell) ········23

짐멜 게오르크(ジンメル・ゲオルク)

··74

F.R.리비스(Frank Raymond Leavis) ··23

하네부치 이치요(羽渕一代) ········83

하버마스(Jürgen Habermas) ······· 17

하야시 가오리(林香里) ·······99, 108

일본 문화 소비의 이중성
일본 사회의 **한류 문화**

초판인쇄 2013년 07월 15일
초판발행 2013년 07월 24일

저 자 김채현
발행처 제이앤씨
발행인 윤석현
등 록 제7-220호

주 소 서울시 도봉구 창동 624-1 북한산현대홈시티 102-1106
전 화 (02) 992-3253 (대)
전 송 (02) 991-1285
전자우편 jncbook@daum.net
홈페이지 http://www.jncbms.co.kr
편 집 자 주수련
책임편집 이신·김선은·최인노

ⓒ 김채현, 2013. Printed in KOREA.

ISBN 978-89-5668-968-5 93910   정가 10,000원

· 저자 및 출판사의 허락 없이 이 책의 일부 또는 전부를 무단복제·전재·발췌할 수 없습니다.
· 잘못된 책은 바꿔 드립니다.